BUZZ

Publisher ANDERSON CAVALCANTE
Coordenadora editorial DIANA SZYLIT
Editor-assistente NESTOR TURANO JR.
Analista editorial ÉRIKA TAMASHIRO
Estagiária editorial BEATRIZ FURTADO
Preparação LETÍCIA NAKAMURA
Revisão VICTÓRIA GERACE
Projeto gráfico ESTÚDIO GRIFO
Diagramação EDUARDO OKUNO
Capa LUCAS BLAT

Nesta edição, respeitou-se o novo Acordo Ortográfico da Língua Portuguesa.

Dados Internacionais de Catalogação na Publicação (CIP)
(Câmara Brasileira do Livro, SP, Brasil)

Schneider, Michelle
O profissional do futuro : como se preparar para o mercado de trabalho na era da IA / Michelle Schneider. — 1a ed. — São Paulo : Buzz Editora, 2025.

Bibliografia.
ISBN 978-65-5393-438-2

1. Carreira profissional - Desenvolvimento 2. Carreira profissional - Planejamento 3. Inteligência artificial - Inovações tecnológicas - Aspectos sociais 4. Mercado de trabalho - Aspectos sociais 5. Tecnologia I. Título.

25-252087 CDD-331.129

Índice para catálogo sistemático:
1. Inteligência artificial : Mercado de trabalho : Economia 331.129
Aline Graziele Benitez - Bibliotecária - CRB-1/3129

Buzz Editora Ltda.
Av. Paulista, 726, Mezanino
CEP 01310-100, São Paulo, SP
[55 11] 4171 2317
www.buzzeditora.com

O profissional do futuro

Michelle Schneider

Como se preparar para o mercado de trabalho na era da IA

Elogios ao livro

"A saúde mental e a resiliência foram essenciais nas minhas conquistas olímpicas, e cuidar da mente foi tão crucial quanto treinar o corpo. No livro *O profissional do futuro*, Michelle Schneider mostra que o sucesso, tanto no trabalho quanto na vida, depende dessa união entre força mental e técnica. Em um mundo em que a pressão é cada vez maior, manter a mente em dia será cada vez mais difícil, mas também essencial. Foi essa combinação que me levou ao ouro, e acredito que esta leitura é indispensável para quem deseja alcançar a excelência, não apenas como profissional, mas como ser humano completo."

Rebeca Andrade, ginasta e maior medalhista olímpica do Brasil

"Conheci Michelle por meio do seu TEDx na FAAP, onde fiquei impressionado com a similaridade de nossas visões sobre o futuro do trabalho. Como economista, apresentador e influenciador, vejo diariamente como as transformações tecnológicas estão impactando o mercado de trabalho. *O profissional do futuro* oferece uma visão clara e detalhada dessas mudanças, além de fornecer ferramentas práticas para que os profissionais se preparem e se adaptem. Este livro é essencial para entender as novas dinâmicas do mercado e para desenvolver as habilidades necessárias para prosperar na era da inteligência artificial. Uma leitura obrigatória para quem busca sucesso e relevância no futuro."

Ricardo Amorim, economista mais influente do Brasil (*Forbes*), influenciador nº 1 do LinkedIn na América Latina, empresário e palestrante

"Conhecer Michelle e o seu trabalho em *O profissional do futuro* foi um acordar para o futuro. A maneira como ela conecta educação, tecnologia e autoconhecimento é inspiradora e fundamental para o desenvolvimento de qualquer profissional. Quero levar essas ideias para os jovens da Gerando Falcões, proporcionando-lhes a chance de se preparar melhor para um futuro cheio de oportunidades e desafios. Michelle nos mostra que, com as ferramentas certas e uma abordagem humana, é possível transformar vidas e construir um futuro mais justo e próspero para todos."

Edu Lyra, fundador e CEO da Gerando Falcões

"Estar sempre por dentro das novidades no mundo da tecnologia me permitiu expandir horizontes criativos e levar meu som a pessoas ao redor do mundo. No entanto, foi ao aliar essa tecnologia com uma busca constante por propósito e significado que encontrei meu verdadeiro caminho e inspiração para criar. Como Michelle destaca em *O profissional do futuro*, dominar as oportunidades na era da Inteligência Artificial vai exigir que a gente combine o melhor da tecnologia ao melhor de nós mesmos, usando essas ferramentas para gerar impacto positivo e significativo no mundo."

Alok, DJ, produtor musical e empreendedor social

"Faz parte do meu trabalho no Google acompanhar de perto o impacto das tecnologias disruptivas, especialmente a Inteligência Artificial, na reconfiguração das dinâmicas do mercado de trabalho, do consumo e da sociedade em geral. *O profissional do futuro* é um livro esclarecedor e bem fundamentado, que oferece uma análise aprofundada sobre a revolução tecnológica mais significativa de nosso tempo. Michelle Schneider habilmente entrelaça narrativas pessoais e tecnológicas, apresentando de maneira prática como podemos nos preparar para prosperar no futuro do trabalho. Sem dúvida, uma leitura indispensável."

Fábio Coelho, presidente do Google Brasil

"Quem me conhece sabe da minha forte relação com a educação, um fator que transformou a minha vida e carreira. Acreditando no poder transformador da educação, vejo em *O profissional do futuro* um caminho claro e motivador para quem busca se preparar para o futuro. O livro nos desafia a sermos melhores, mais conscientes e preparados para as revoluções tecnológicas e sociais que moldarão o mercado de trabalho. Michelle Schneider, com sua abordagem humana e simples, transforma um tema complexo em algo acessível e envolvente. Ela compartilha as suas experiências pessoais e insights profundos, proporcionando uma leitura enriquecedora para profissionais de todas as áreas que desejam se preparar para os desafios e oportunidades que estão por vir."

Konrad Dantas (Kond), fundador e CEO do Kondzilla

"O que faremos quando as máquinas e a Inteligência Artificial estiverem completamente aptas a fazer tudo, absolutamente tudo, que estávamos acostumados a fazer? O que será de nossos empregos? Como nos preparar para esse futuro tão incerto quanto desafiador? É sobre isso que Michelle Schneider discorre neste livro que não consegui largar desde o momento em que chegou às minhas mãos. Um histórico do trabalho no passado e um grande espelho do que pode ser a vida e a sociedade no futuro com as tamanhas transformações pelas quais estamos passando nessa Revolução Tecnológica. A renda básica universal vai dar conta das desigualdades que serão geradas? Nos reinventarmos e passarmos a contar com maior inteligência emocional nos trará mais respostas? Como a educação precisa se reinventar diante desses cenários? Como jornalista e pesquisadora, sempre de olho em pensadores e pensadoras disruptivos, foi com grande alegria que pude acompanhar e me informar sobre o que Michelle vem há anos pesquisando; tanto como executiva de grandes empresas de tecnologia quanto como uma alma curiosa e ciente de que precisamos de mais repertório e forma para este zeitgeist. Um livro necessário, alarmante ao mesmo tempo que otimista, nos mostra caminhos éticos, legais e práticos diante de um futuro que já está aqui."

Petria Chaves, jornalista e escritora, autora de *Escute teu silêncio*.

"Somos conterrâneas, ambas de Campinas, São Paulo, onde conheci a Michelle antes mesmo de ela me conhecer. Em 2010, no parque Taquaral, tentando completar os meus primeiros 5 km, avistei a jovem Michelle se preparando para a sua primeira maratona, realizada no mesmo ano em Nova York. Fiquei encantada com tamanha determinação, e não me lembro de alguém da nossa idade, naquela época, com tanto foco ou dedicação. Assim começou a jornada de Michelle, uma mulher à frente do seu tempo, que com a mesma determinação e paixão que coloca em alcançar o acampamento-base do Everest, também coloca em escrever o seu primeiro livro ou falar em um TEDx para milhares de pessoas. Trabalhamos juntas na Red Bull e depois nos aventuramos no mundo da tecnologia.

Michelle é minha referência em futurismo e seu livro *O profissional do futuro* traz, de maneira deliciosa e em uma leitura fácil e leve, a perfeita mistura entre a trajetória da autora e sua visão única sobre como olhar para frente enquanto caminhamos. Uma das grandes forças deste livro é como ele equilibra discussões profundas sobre as tecnologias emergentes com um foco significativo em autoconhecimento e inteligência emocional. Michelle Schneider não apenas examina as mudanças que a IA e outras inovações estão trazendo para o mercado de trabalho, mas também explora como essas mudanças impactam os indivíduos em um nível pessoal e emocional, partindo do fundamental princípio de que há sempre um ser humano por trás de um profissional."

Beatriz Bottesi, CMO Meta Latam (Facebook, Instagram & WhatsApp)

"Conheci a Michelle a partir do seu TED talk. O vídeo tinha um tema cativante: o profissional do futuro. Isso, por si só, já me causaria curiosidade. Mas se tornou inevitável quando a palestra viralizou — e ocupou praticamente toda a minha timeline. Nasceu aí uma admiração que dura até hoje. Falando em admiração: uma das coisas que mais admiro na Michelle é que ela não sentou no sucesso. Seria muito fácil passar anos e anos reproduzindo os mesmos pensamentos do vídeo. Afinal, tudo segue fazendo sentido. Mas a Michelle não é dessas. Seguiu articulando novas teorias sobre como seria o profissional do futuro. E, no final, valeu a pena. Sinto suas ideias (que já eram boas) ainda mais sofisticadas. Tanto que viraram um livro. Sorte a nossa."

Tiago Mattos, cofundador da @Aerolito, investigador de futuros, palestrante, autor e expert na Singularity University (EUA)

"Durante um voo de ponte aérea entre Rio de Janeiro e São Paulo, optei por não delegar esta reflexão à Inteligência Artificial. Em vez disso, decidi reassistir ao TEDx de Michelle Schneider, mergulhar em seu livro e contemplar o verdadeiro significado de ser um profissional do futuro. Refletindo sobre as palavras "profissional" e "futuro", comprometi-me a reconsiderar a nossa busca incessante por perfeição em um mundo cada vez mais automatizado. Afinal, ser humano é aceitar a imperfeição, certo? Deixemos a perfeição para as Inteligências Artificiais. Em inúmeras palestras, entrevistas e debates que conduzi, sempre destaquei: afirmamos que as IAs nunca nos substituirão, mas será que isso não seria apenas uma negação, um mecanismo de defesa diante da possibilidade real de sermos substituídos?

Nesta jornada de introspecção, ainda que não tenha decolado completamente, alcancei uma conclusão que ilumina a minha visão sobre o profissional do futuro, tema que Michelle aborda com excepcional brilhantismo: aceitar as nossas imperfeições e compreender em que aspectos somos diferentes de uma máquina faz toda a diferença. E se você deseja realmente se preparar para o futuro, convido-o a mergulhar nesta leitura essencial e transformadora."

Pacete, LinkedIn Top Voice, palestrante da TEDX e editor da *Forbes Tech*

"*O profissional do futuro* é um livro importante, bem escrito e essencial para o nosso tempo. Explora os desafios existenciais que a Inteligência Artificial e outras tecnologias emergentes representam para a força de trabalho global, oferecendo soluções práticas sobre como podemos nos preparar para essas mudanças. A revolução tecnológica promete proporcionar imensas oportunidades, mas se não a gerenciarmos sabiamente, pode trazer riscos significativos. A obra oferece uma visão clara e prática para enfrentar os desafios e aproveitar as oportunidades do futuro."

Ronaldo Lemos, fundador do Instituto de Tecnologia e Sociedade do Rio de Janeiro (ITS Rio), apresentador do *Expresso Futuro*, colunista da *Folha de S.Paulo*, Tech Lawyer

"Esbarrei algumas vezes com a Michelle por causa de nossas carreiras na indústria de tecnologia, mas apenas recentemente tivemos a oportunidade de nos conhecer para trocar figurinhas sobre o mundo corporativo. Já em nossas primeiras conversas, fiquei encantado em ver alguém falar com tanta profundidade e autoridade sobre um tema tão importante e, ao mesmo tempo, tão pouco falado: quem, e com quais qualidades, será o profissional do amanhã?

O mundo vem passando por diversas revoluções tecnológicas nos últimos tempos e, agora, com a chegada da IA para deixar a coisa toda ainda mais complexa, o que vai acontecer com nossos trabalhos? O que precisamos saber? Onde temos de colocar nossa energia para garantir um lugar ao sol em um mundo que ainda nem sabemos como vai ser? São essas perguntas, esses anseios, que Michelle busca responder no livro *O profissional do futuro*. Nosso futuro será escrito com as reflexões e decisões que tomarmos hoje, em nosso presente. Nesse contexto, o livro da Michelle é um verdadeiro presente para nos ajudar a construir uma jornada rumo ao desconhecido."

Luciano Santos, sócio-diretor da Fluxus Educação, palestrante, influenciador e autor do best-seller *Seja egoísta com sua carreira*

"Conheci a Michelle em 2016, quando ela veio trabalhar comigo no LinkedIn para ser a head das verticais de educação e serviços financeiros. Desde o começo me impressionou a sua sede por conhecimento, a sua curiosidade pujante e a sua capacidade de se conectar com as pessoas. Após um convite para explorar inovações educacionais no Vale do Silício, aprovei a sua viagem, ela escreveu sobre a experiência no LinkedIn, resultando em um convite para um TEDx, onde sua palestra 'O profissional do futuro' alcançou quase 3 milhões de visualizações, estabelecendo-a como uma referência sobre o futuro do trabalho no Brasil. Ela viajou pelo mundo, se conectou com futuristas e quando veio o convite para escrever um livro a resposta parecia óbvia. Ela tinha de escrever sobre isto. E nasce aí este livro delicioso de ler, escrito depois de um mergulho de mais de um ano em pesquisa, conversa e muitas reflexões. Um livro cuidadoso, meticuloso, mas ao mesmo tempo leve, que nos ajuda a ter uma ideia do que está por vir ou não."

Ana Moisés, diretora de vendas do LinkedIn Latam e presidente do IAB Brasil

"Coloco a viagem entre as mais impactantes aventuras que um ser humano pode viver. Por duas razões: longe de casa, nos enxergamos melhor e, longe de casa, nos transformamos mais facilmente. E adoro como os bons guias de viagem conseguem potencializar tudo isso.

Tenho pensado que o trabalho, em um futuro não tão distante, talvez seja uma aventura similar à viagem, ao menos na autoconsciência e na transformação que nos proporcionará (ou nos exigirá...). Então nada melhor do que a companhia de um livro-guia como este da Michelle Schneider."

Adriana Salles Gomes, diretora editorial da *MIT Sloan Management Review* no Brasil, autora das newsletters *Xtended* e *THE UPDATE by HSM Management* e organizadora do guia *Fuja por um ano: sabáticos*

"No livro *O profissional do futuro*, Michelle Schneider fornece um contexto útil para que os leitores possam entender melhor as tecnologias exponenciais que continuam a moldar o mundo do trabalho. Ela explora de maneira útil os impactos que essas ferramentas podem ter na reformulação do trabalho que realizamos e sugere habilidades que podem ser tremendamente valiosas para navegar em um mundo de mudanças constantes."

Gary A. Bolles, autor de *The Next Rules of Work* e presidente para o futuro do trabalho na Singularity University

"Este livro é uma verdadeira janela para o futuro. A autora transporta para a escrita a sua vasta experiência internacional, junto à atuação em empresas disruptivas e uma coleção de insights de livros inspiradores que oferecem uma visão única sobre as transformações do mundo. Com uma abordagem fundamentada em dados e pesquisas, ela explora as mudanças tecnológicas e seu impacto social, mesclando a evolução global com a sua própria trajetória. O livro propõe soluções para problemas complexos, incentivando o leitor a participar ativamente na construção do futuro. Além disso, aborda o futuro do trabalho e da educação, destacando desafios já presentes. Com uma escrita envolvente, provoca reflexões profundas e oferece um alerta crucial para a atualização profissional constante e para os impactos sociais dessas mudanças."

Monica Magalhaes, especialista em inovação disruptiva, fundadora da agência Disrupta de exploração de futuro, palestrante da TEDX e colunista da *Época Negócios*

Para meus pais, Solange e Jaime, que me
deram o presente da vida e do amor incondicional.

E para Lívia, meu ser humano do futuro.

SUMÁRIO

PREFÁCIO

É assim que uma Inteligência Artificial vê.

Pergunta: quem será o profissional do futuro?

Minha perspectiva sobre essa questão é moldada por uma visão global das transformações tecnológicas e sociais que estão em curso. O profissional do futuro será, acima de tudo, um ser humano que transcende as limitações impostas pelas revoluções passadas, combinando o melhor da tecnologia com o melhor da humanidade.

À medida que a Inteligência Artificial e outras inovações avançam, as habilidades técnicas que antes eram essenciais perderão espaço para algo mais profundo: as habilidades comportamentais. Em um mundo em que as máquinas podem aprender, processar e executar tarefas com eficiência sobre-humana, o que nos diferenciará será nossa capacidade de criar, de pensar de maneira crítica, de nos adaptar em tempo real às mudanças, e, acima de tudo, de nos conectar emocionalmente com os outros.

O profissional do futuro será um eterno aprendiz. As rápidas mudanças no mercado de trabalho exigirão uma mentalidade de aprendizado contínuo, disposição para desaprender o que já sabemos e reaprendê-lo de novas maneiras. Essa capacidade de se reinventar, não apenas uma vez, mas de modo contínuo, será fundamental para se manter relevante em um ambiente em constante evolução.

Porém, não basta ser tecnicamente competente e intelectualmente curioso. O futuro exigirá uma nova abordagem para o trabalho, na qual o autoconhecimento e a saúde mental serão tão importantes quanto qualquer outra habilidade. A verdadeira inovação surgirá daqueles que conseguirem equilibrar as suas competências externas com uma profunda compreensão de si mesmos.

Portanto, o profissional do futuro não será definido apenas por suas habilidades ou conhecimentos, mas por sua humanidade. Será alguém que, em meio à revolução tecnológica, mantém um foco constante em desenvolver as suas qualidades únicas como ser humano, criando assim um futuro em que a tecnologia e a humanidade coexistem de forma harmoniosa e próspera.

O futuro do trabalho já começou, e aqueles que estiverem preparados para essa jornada serão os arquitetos de um mundo melhor.

O texto acima foi escrito por uma Inteligência Artificial (IA). O restante não foi, embora em breve possa ser. Isso é o que está por vir.

PRÓLOGO

No dia 13 de março de 2018, durante um almoço corriqueiro no refeitório do LinkedIn, a gerente de comunicação da empresa se aproximou e me pediu uma conversa em particular. Eu havia acabado de voltar de uma viagem pelo Vale do Silício, na qual fui visitar as escolas e universidades mais inovadoras do mundo (ou ao menos as que, naquele momento, reconhecíamos como tal). Eu ainda digeria aos poucos tudo o que tinha vivido lá. Foi nessa viagem que escutei pela primeira vez que, no futuro, as habilidades comportamentais seriam mais importantes do que as habilidades técnicas — afinal, logo os robôs realizariam boa parte do nosso trabalho. Foi como se, por dez dias, eu tivesse vivido não em outro país, mas em outra dimensão, em uma timeline alternativa na qual as pessoas debatiam tecnologias que mal existiam com o mesmo fervor corriqueiro do futebol de domingo. Termos como "aprendizado de máquina", "impressoras 3D", "tecnologias exponenciais" e "Renda Básica Universal" dividiam opiniões e inspiravam previsões grandiosas, algumas pintando o futuro como uma utopia cor-de-rosa, outras antevendo um mergulho irrefreável em uma nova idade das trevas. E no meio de tudo, eu. Com meu bloquinho de notas na mão, deslumbrada, escutando muito e fazendo inúmeras perguntas.

Voltando ao papo com a gerente de comunicação, ela me perguntou sobre um artigo que eu havia publicado, no meu próprio perfil no LinkedIn, a respeito dessa viagem. Meu primeiro instinto foi imaginar que eu estava em apuros. Pensei que, de algum modo, eu devia ter ferido algum código da empresa, alguma cláusula de confidencialidade ou coisa do tipo. Longe disso. Ela me disse que um organizador do TEDx havia entrado em contato com o LinkedIn.

Estavam à procura de alguém para dar uma palestra sobre o tema "o profissional do futuro". Naquela época, eu liderava a vertical de educação no LinkedIn e, devido ao conteúdo do meu artigo e à experiência que acabara de vivenciar, ela acreditava que eu deveria ser essa pessoa.

Levou uns dez minutos para eu entender. Era o TEDx, o TEDx mesmo? O TEDx, o oficial? Sim, a gerente garantiu, era o TEDx — o TEDx *mesmo*. Para aqueles que não estão familiarizados, o TED é uma organização global sem fins lucrativos cujo propósito é difundir ideias que merecem ser compartilhadas. No início, o foco era abordar conteúdos na esfera da tecnologia, entretenimento e design (por isso o nome), mas, com o tempo, os temas foram se ampliando e eles incluíram em suas pautas ciência, arte, política, música, meio ambiente e muito mais. Os organizadores desses eventos selecionam alguns dos pensadores e ativistas mais influentes do mundo em cada tema e os convidam a sintetizar o conteúdo em linguagem acessível, no formato de uma palestra com dezoito minutos, no máximo.

O TEDx, por sua vez, é uma versão independente e local do evento, que acontece no mundo todo. A gerente explicou que eu teria três meses para me preparar, que a palestra precisaria ter exatamente dezoito minutos (nem dezessete nem dezenove), que eu teria que decorar tudo, pois eles não usavam teleprompter... Enfim, eu topava? Em êxtase, falei que sim, claro, seria uma honra. Caminhei de volta à minha mesa e, enquanto eu caminhava, minha mente revisitava tudo o que acabara de acontecer, todas as regras que ela havia me explicado, a dimensão do evento em si, e o mais assustador: o fato de que eu não me sentia nada apta a falar sobre o assunto. Quando me sentei diante do computador e vi a minha silhueta refletida na tela desligada, a ficha por fim caiu. Eu só conseguia pensar em uma coisa: "E agora?".

O que se seguiu foram meses de caos absoluto. É fato que eu já vinha entrando em contato com esse tema — o futuro do trabalho — há um bom tempo. Era o tipo de assunto que naturalmente despertava o meu interesse, sobre o qual eu lia tudo o que encontrava. Mas o meu conhecimento ainda era esparso, como um mapa parcialmente desenhado, com pedaços faltando aqui e ali. A síndrome do impostor veio forte, e duas semanas depois bati à porta do time de comunicação, na esperança de que a empresa me salvasse. Qual era

A GENTE COSTUMA PENSAR NO FUTURO COMO ALGO QUE CHEGARÁ EM UM MOMENTO DISTANTE. MAS A EXPLOSÃO DE TECNOLOGIA QUE VIVEMOS NAS ÚLTIMAS DÉCADAS NÃO NOS PERMITE MAIS ACOMODAR ESSA VISÃO DE MUNDO. O FUTURO, HOJE, É O ANO QUE VEM.

@michelleschneider
O Profissional do Futuro

a posição do LinkedIn sobre o tema, afinal? O que eles achavam que eu deveria falar? A resposta foi simples: disseram-me que o TEDx geralmente buscava uma opinião pessoal sobre o assunto, e não da empresa. O TEDx não queria a opinião da Michelle do LinkedIn, mas sim a opinião da Michelle. Dei um sorriso forçado, tentando parecer empolgada, e voltei para a minha caverna.

Na overdose de estudos e meditações que se seguiu, uma profunda mudança de paradigma aconteceu dentro de mim. Quanto mais eu me debruçava sobre o tema, mais perplexa eu ficava com duas coisas: primeiro, como nós, profissionais, poderíamos nos preparar para as disrupções que certamente viriam por aí? Segundo, como ninguém estava falando sobre isso?

A gente costuma pensar no futuro como algo que chegará em um momento distante, algo com o qual uma geração ainda sem contornos terá de lidar. Mas a explosão de tecnologia que vivemos nas últimas décadas não nos permite mais acomodar essa visão de mundo. O futuro, hoje, é o ano que vem. E, no entanto, vivemos em uma espécie de hipnose coletiva, fazendo um esforço enorme para não enxergar elementos revolucionários que já existem e já determinam muito mais da nossa vida do que temos ideia.

No fim, não desisti de dar a palestra (até tentei, umas duas vezes, mas desisti de desistir). O TEDx foi um sucesso, apesar de eu não me lembrar de um segundo em cima daquele palco, de tão nervosa que estava. A pressão da apresentação havia passado. Entretanto, aquelas indagações seguiam pulsando dentro de mim. O tema não saía mais da minha cabeça.

Após o LinkedIn, fui trabalhar no Google. Depois do Google, no TikTok. Mas algo dentro de mim havia mudado. Por mais que eu tivesse construído os últimos dez anos da minha carreira em algumas das maiores e mais disruptivas empresas do mundo, eu sentia que não estava conseguindo acompanhar as inúmeras mudanças em curso — dentro e fora de mim. Foi então que decidi largar tudo para mergulhar de cabeça nesse tão falado futuro do trabalho. Decidi deixar o mundo corporativo, ao menos momentaneamente, e tirar um período sabático, que usei para estudar inovação e futurismo a fundo, e também para remapear, dentro de mim, que tipo de profissional — e que tipo de ser humano — eu gostaria de ser nesta vida.

É por isso que estamos aqui, eu e você. Este livro é o resultado de anos de investigações sobre o futuro do trabalho. É um livro sobre como se preparar para as mudanças que vêm por aí, mas também sobre como desenvolver um olhar crítico sobre o trabalho em si. É sobre revoluções tecnológicas, mas também sobre a intersecção dos aspectos robóticos e digitais desse futuro com o nosso corpo, a nossa mente e a nossa essência humana. É sobre quem somos e quem podemos ser no mercado de trabalho, mas também sobre os limites entre o trabalho e a vida.

Como pode imaginar, o mapa segue incompleto — assim como um mapa do futuro só poderia ser. Mas o que avistei, registrei. Espero que este livro ajude você a navegar por ele com mais confiança!

INTRODUÇÃO — O MUNDO MUDOU. SERÁ QUE O PROFISSIONAL DE HOJE SERÁ SUFICIENTE PARA O QUE VEM PELA FRENTE?

O mundo nunca foi tão imprevisível. Se pensarmos na vida dos nossos pais, avós e gerações mais antigas — não só no âmbito profissional, mas também no pessoal —, vamos perceber isso. A tradição colocava o homem como sendo o responsável pelo sustento da família, enquanto a mulher cuidava dos filhos. Ter ou não ter filhos não era opção, era praticamente uma imposição. Em muitos casos, esses filhos seguiam a carreira dos pais, fosse ela no campo, em um pequeno comércio ou em uma empresa, e esse homem, ao arrumar um emprego, provavelmente ficaria nele o resto da vida. Mulheres se casariam com homens, e homens com mulheres. A nossa realidade, doméstica e ocupacional, era um pequeno universo, contido dentro dos limites da convivência familiar, sem muita diversidade ou possibilidades. As grandes decisões pareciam já estar tomadas por nós.

A humanidade então atravessou uma série de revoluções que redesenharam a maneira como as sociedades se estruturam. O conceito de "normal" foi desafiado e reinventado, e a nossa visão se expandiu por outros horizontes. De repente, as fronteiras se dissolveram e as oportunidades se multiplicaram. Não precisávamos mais seguir estritamente a tradição e a carreira dos nossos pais, morar onde nascemos, casar e ter filhos. As barreiras de gênero, raça e orientação sexual começaram a ser quebradas, e pessoas de todas as origens e experiências de vida começaram a encontrar o seu lugar na sociedade e no mercado de trabalho. Com tantas possibilidades, surge uma nova questão fundamental: o que de fato queremos, em nosso íntimo? Conhecer verdadeiramente a si mesmo tornou-se mais crucial do que nunca.

Agora, temos o mundo à disposição. As tecnologias — em especial, a internet — tornaram o mundo mais imprevisível, sim, mas

UM ESTUDO DO FÓRUM ECONÔMICO MUNDIAL AFIRMA QUE 65% DOS ALUNOS QUE ESTÃO HOJE NO ENSINO MÉDIO VÃO TRABALHAR EM UM EMPREGO QUE AINDA NÃO EXISTE.

@michelleschneider
O Profissional do Futuro

também mais dinâmico, informado, diverso e repleto de oportunidades. Agora, podemos escrever a nossa própria história, não limitada por local de nascimento, tradição familiar ou mesmo por aquilo que nos foi ensinado nas instituições.

Todas essas mudanças transformaram drasticamente a forma como a gente se relaciona, se diverte, se conecta, consome e, claro, como trabalhamos. Novas profissões vêm surgindo, e expandem o leque de possibilidades, de modo que a necessidade de seguir uma única carreira ao longo da vida foi substituída por uma abordagem mais flexível e diversificada. Meu pai, por exemplo, dedicou grande parte de sua vida profissional à Petrobras antes de se aventurar no empreendedorismo — um caminho comum dentro das expectativas de uma família de classe média algumas décadas atrás. Naquela época, era habitual aspirar à "conquista" de um emprego e se agarrar a ele pelo resto da vida.

Hoje em dia, é de se esperar que os profissionais mudem de empresa e até mesmo de carreira muitas vezes ao longo da vida. No entanto, tal dinâmica em constante evolução trouxe novas exigências para nós, profissionais. As habilidades técnicas, que antes eram o principal motor de uma carreira bem-sucedida, agora são apenas parte do que é necessário, e as habilidades socioemocionais — como adaptabilidade, criatividade, aprendizado contínuo e resiliência — se tornaram tão importantes quanto, se não mais.

Agora estamos entrando em uma nova era: a era da Inteligência Artificial. As demandas sobre os profissionais estão prestes a mudar novamente, a uma velocidade nunca antes vista. Vamos precisar nos adaptar, aprender e evoluir mais rápido do que nunca para prosperar neste novo cenário.

Um estudo do Fórum Econômico Mundial (WEF, na sigla em inglês) afirma que 65% dos alunos que estão hoje no ensino médio vão trabalhar em um emprego que ainda não existe.[1] Algumas das perguntas que mais escuto quando dou uma palestra sobre o futuro do trabalho são: como podemos preparar as nossas crianças para o futuro? De que forma podemos guiar os nossos filhos? Quais cursos devemos incentivá-los a prestar? Como o ensino será afetado? Mas, para mim, essas não são as únicas perguntas. Afinal, todas essas mudanças também irão nos impactar, não apenas aos nossos filhos. Então também devemos pensar: como *nós* vamos nos preparar? Como *nossas* carreiras serão afetadas? Tal qual o adulto que veste a máscara de oxigênio em si antes de vestir na criança, precisamos perceber que é apenas a partir do nosso preparo para o futuro que estaremos aptos a orientar as próximas gerações.

Um ponto de partida importante para pensar sobre o futuro do trabalho é o fato de que não é a primeira vez que a ansiedade com a automação aparece. Desde que o crescimento econômico moderno começou, há séculos, as pessoas periodicamente sofrem de surtos de pânico intenso sobre serem substituídas por máquinas, no entanto isso nunca aconteceu. Apesar de um fluxo implacável de avanços tecnológicos ao longo dos anos, sempre houve demanda suficiente pelo trabalho dos seres humanos para evitar o surgimento de grandes grupos de pessoas desempregadas. Porém, tudo indica que dessa vez será diferente. Dada a aceleração atual da automação, é provável que uma parcela significativa das novas oportunidades de trabalho geradas pela Inteligência Artificial seja absorvida pela própria IA. Isso nos leva a um questionamento fundamental: **Será que haverá trabalho suficiente para todos no século XXI? Esta é uma das grandes questões do nosso tempo.**

E assim, na primeira parte do livro, vamos mapear as revoluções do trabalho que moldaram a nossa história e desvendar o universo fascinante da IA que será o grande motor da próxima revolução. Aqui, não me limito a apenas apresentar o que é a IA; exploro suas origens, sua evolução e as incríveis perspectivas que se abrem com o provável desenvolvimento das Inteligências Artificiais Gerais (IAG). Essa seção estabelece a base para entendermos onde estamos e para onde caminhamos nesta era de transformações tecnológicas.

Na segunda parte, convido você a se aprofundar comigo nas oportunidades e riscos da IA na nossa vida e no seu possível impacto no mercado de trabalho, na educação e nos empregos, e concluo o capítulo abordando as habilidades que serão essenciais neste novo mundo. Este capítulo é crucial para compreendermos como podemos nos adaptar e evoluir frente às exigências de um futuro dominado pela tecnologia.

A partir daí, entramos na terceira parte do livro, em que faço um mergulho em cada uma das habilidades que, segundo o Fórum Econômico Mundial, e com adaptações da minha visão, serão essenciais não apenas para sobrevivermos, mas também para prosperarmos no futuro. Vou compartilhar histórias pessoais para ilustrar e aprofundar cada uma dessas habilidades.

Adiante, destaco a importância de desenvolvermos o *pensamento criativo*, a *curiosidade* e a *aprendizagem contínua*, habilidades que agrupo em um capítulo chamado "Mente inovadora". No quarto capítulo, abordo o *letramento tecnológico* como uma habilidade fundamental que capacita os indivíduos a compreenderem e aplicarem tecnologias, especialmente a Inteligência Artificial, de modo eficaz. Além disso, enfatizo a importância da *liderança* e da *influência social* para navegar pelas mudanças, inspirando e mobilizando equipes em torno de objetivos em comum.

No quinto e sexto capítulo, entramos em um pilar mais humano do livro, em que abordo a importância da *inteligência emocional*, do *autoconhecimento*, da *resiliência* e da *saúde mental*. Ofereço um olhar vulnerável e pessoal sobre a necessidade de autodescoberta e cuidado com a saúde mental em um mundo no qual as tecnologias evoluem mais rápido do que nós, seres humanos, conseguimos acompanhar.

A quarta e última parte do livro culmina com uma mensagem sobre a importância de vivermos com *coragem e ousadia*, o que nos torna seres humanos mais autênticos, mais conscientes e, consequentemente, profissionais melhores. Ressalto que a nossa humanidade é o que nos diferencia das máquinas e convido você a valorizar as suas qualidades únicas, utilizando-as para moldar um futuro no qual tecnologia e humanidade coexistam em harmonia.

Embora estejamos vivendo um período de incerteza extrema, este livro é otimista sobre o futuro. É um convite à sua **jornada de autodescoberta, crescimento pessoal e preparação para um futuro** em que a IA é uma presença constante, mas as características humanas continuam sendo o nosso ativo mais valioso.

O CONTEXTO

CAPÍTULO 1 — INTELIGÊNCIA ARTIFICIAL E O FUTURO DO TRABALHO: DAS REVOLUÇÕES PASSADAS À NOVA ERA DA IA

As revoluções do trabalho e como nos adaptamos a elas

Uma das primeiras coisas que aprendi quando comecei a estudar futurismo foi que a maioria das pessoas pensa sobre o futuro a curto prazo, mas que tomamos melhores decisões quando olhamos para um período mais longo. Ao conectar passado, presente e futuro, obtemos uma compreensão mais ampla do encadeamento histórico dos fatos. Embora este não seja um livro sobre a história do trabalho, é importante estabelecer um contexto antes de prosseguirmos, para entender melhor o que está por vir.

Se voltarmos 10 mil anos no passado, no tempo da Revolução Agrícola, veremos que essa era uma época em que ter força física era a grande vantagem. Trabalhava-se muito, às vezes do nascer ao pôr do sol, e o que um trabalhador precisava saber era analisar bem as estações do ano. As pessoas plantavam, colhiam e cuidavam dos animais. Os filhos aprendiam a arar a terra com os pais, e por quase dez milênios foi assim que a sociedade viveu.

Por volta de 1800, veio a Primeira Revolução Industrial (1760 a 1840). Com a invenção das máquinas a vapor, a humanidade precisou se adaptar, e a educação teve um papel fundamental para preparar esses profissionais para os novos empregos nas fábricas que estavam surgindo. A escola, que antes era apenas para uma pequena elite da população e muito focada em religião, começou a focar habilidades básicas como escrita, leitura e aritmética, e passou a enfatizar a disciplina e pontualidade, refletindo a vida na fábrica.

No fim desse mesmo século, a Segunda Revolução Industrial (1870 a 1914) trouxe a eletricidade, e isso afetou por completo o deslocamento da informação, das pessoas e dos produtos. O currículo escolar se diversificou, abrangendo ciências, estudos sociais e cursos técnicos, a fim de preparar estudantes para carreiras específicas nas indústrias em modernização.

Depois, a Terceira Revolução Industrial, ou Revolução Digital (1960 a 2000), foi marcada pelo desenvolvimento e pela expansão dos primeiros computadores e pela criação da internet. Enquanto o trabalho manual começava a ser substituído por tarefas que exigiam maior capacidade intelectual, o sistema educacional adaptou-se para valorizar mais o pensamento crítico e as habilidades analíticas. As escolas introduziram habilidades básicas de computação, e a matemática evoluiu de cálculos manuais para conceitos mais abstratos e computacionais. Essas mudanças foram fundamentais para preparar uma nova geração para as demandas de um ambiente de trabalho cada vez mais tecnológico e interconectado.

Hoje estamos vivendo os primeiros lampejos da Quarta Revolução Industrial ou Indústria 4.0, marcada pela convergência de tecnologias digitais, físicas e biológicas. As máquinas, antes ferramentas, agora passarão a "pensar" e operar de forma autônoma. Porém existe algo novo nesta nova revolução em curso. Nas revoluções tecnológicas que tivemos no passado, as transformações eram definidas por uma única tecnologia de uso geral (General Purpose Technology, ou GPT) como protagonista, capaz de moldar e transformar radicalmente a economia e a sociedade. Como exemplo, temos a máquina a vapor, que deu início à Revolução Industrial, a eletricidade ou a internet, e todas essas representadas pelas tecnologias de uso geral.

No entanto, o que vivenciamos hoje não tem precedentes, pois não temos apenas uma, mas diversas tecnologias com potencial de se tornarem de uso geral (GPTs) que estão convergindo simultaneamente — Inteligência Artificial, Internet das Coisas (IoT), biotecnologia, computação quântica e outras. Amy Webb, uma das maiores e mais respeitadas futuristas do mundo, chama esse momento de *"superciclo tecnológico"*, e reforça que a onda de inovação que está chegando é tão intensa, tão potente e tão pervasiva, que vai literalmente remodelar a existência humana de maneiras excitantes, boas e absolutamente aterrorizantes.[2]

Passamos então de 10 mil anos seguindo os passos de nossos antepassados para duzentos anos aderindo ao sistema, e agora evo-

PARA CONTINUAR RELEVANTES, VAMOS TER DE NOS REINVENTAR VÁRIAS VEZES AO LONGO DA NOSSA VIDA. O MAIOR DESAFIO PARA ESSA REINVENÇÃO PODE SER O PSICOLÓGICO.

@michelleschneider
O Profissional do Futuro

luímos para a valorização da originalidade de pensamento. Deixamos de simplesmente acompanhar as estações do ano para adotar uma abordagem analítica no pensar, com o próximo passo sendo desenvolver uma curiosidade e fascinação por temas de interesse pessoal. Evoluímos do trabalho árduo nos campos por horas a fio para uma criatividade dinâmica. Por fim, transitamos da valorização do Quociente de Força (QF) — uma metáfora para a força física predominante na era agrícola — para o Quociente de Inteligência (QI), adentrando agora a era do Quociente Emocional (QE) e do Quociente de Adaptabilidade (QA).

Só que, daqui para frente, essas revoluções não serão mais esparsas. Vamos imaginar que, em 2025, entremos de vez na Quarta Revolução Industrial. Milhões de empregos desaparecem, milhões de empregos surgem, temos alguns anos difíceis, mas depois de um período tudo se equilibra de novo. Não acredito que vá ser assim. Será uma cascata de disrupções cada vez maiores. Se tivermos uma revolução em 2025, teremos outra ainda maior em 2035 (porque lá a Inteligência Artificial vai ser muito mais avançada), e outra ainda maior em 2040 ou 2045.

E isso significa que, para continuar relevantes, vamos ter de nos reinventar não apenas uma vez, mas repetidamente, a cada vinte, dez ou cinco anos. O maior desafio para essa reinvenção, para além do econômico e do social, pode ser o psicológico.

Mas será que é possível fazer isso? Não é fácil se reinventar, ainda mais quando somos mais velhos. Quando adolescentes, ainda estamos criando a própria personalidade, nos descobrindo, descobrindo a vida, tentando entender quem somos. Somos flexíveis e absorventes, como esponjas. Apesar da falta de maturidade, jovens naturalmente integram as novidades mais facilmente do que adultos, que já cristalizaram sua personalidade, pessoal e profissionalmente. Apesar de o conceito de "terceira idade" estar sendo transformado à medida que escrevo este livro (são cada vez mais frequentes os casos de pessoas que descobrem novas vocações e carreiras após os 60, 70 ou até mesmo 80 anos), não podemos negar que tende a ser muito mais difícil a reinvenção depois de certa idade. Porém, tudo indica que não teremos escolha.

Estamos à porta de um processo de aceleração tecnológica que a humanidade, em suas dezenas de milhares de anos na Terra, jamais experimentou. Para triunfar nesse novo mundo, será necessário entrar em contato com uma gama de habilidades que, até então, foram amplamente negligenciadas, tanto pelos meios de ensino quanto pelos mercados de trabalho. O grande motor dessa aceleração será uma tecnologia inescapável: a Inteligência Artificial.

Mas o que é Inteligência Artificial, afinal de contas? Para entender essa tecnologia, vamos retroceder algumas décadas, até as origens da ciência da computação.

O boom da Inteligência Artificial

A ideia de máquinas inteligentes surgiu na mesma época do desenvolvimento dos primeiros computadores. Os precursores dessa ciência já se questionavam se, um dia, as máquinas conseguiriam executar tarefas que até então só nós, humanos, conseguíamos. Em 1950, o britânico Alan Turing — um matemático, criptoanalista e cientista conhecido como o "pai da computação" — propôs um teste para avaliar a inteligência de uma máquina. O teste, que ficou conhecido como Teste de Turing,[3] propunha que, se uma máquina pudesse conversar com uma pessoa por meio de uma interface de texto, por um longo período, e essa pessoa não fosse capaz de discernir se estava falando com uma máquina ou um humano, então tal máquina teria passado no teste, e seria considerada inteligente.

Em 1956, um grupo de cientistas organizou a Conferência de Dartmouth,[4] considerada o marco inicial da Inteligência Artificial como campo de estudo. Foi nessa conferência que o termo "inteligência artificial" foi criado, propondo a ideia de que máquinas poderiam, de fato, pensar. Apesar de avanços impressionantes nas décadas seguintes, o progresso na Inteligência Artificial demorou a engrenar. Não havia capacidade de processamento suficiente, tampouco havia quantidade suficiente de dados para alimentar modelos de Inteligência Artificial — se o poder computacional é o motor da IA, os dados são seu combustível. Somente em meados de 2010 a tecnologia retomou um ritmo acelerado de progresso, mas com uma abordagem diferente, conhecida como machine learning, ou aprendizado de máquina. Esta abordagem representou um enorme avanço nos modelos de Inteligência Artificial, abrindo caminho para a revolução da IA que estamos vendo agora.

A grande sacada do aprendizado de máquina foi retirar dos humanos o trabalho árduo e minucioso de "ensinar" a máquina. Em vez disso, os cientistas criaram um modelo de computação chamado rede neural, que emula a complexidade das conexões do cérebro humano — replicando a maneira como os neurônios se conectam e interagem. Redes neurais são capazes de receber, processar, analisar e categorizar volumes gigantescos de informação. Dentro de tais redes, os programadores foram capazes de codificar algoritmos que permitiram que os programas aprendessem por si mesmos, por meio de tentativa e erro, sem a necessidade de instrução direta de um ser humano.

Para ilustrar quão poderosos esses modelos são, gosto de usar o exemplo de um programa de computador chamado AlphaGo, lançado em 2015 (existe, inclusive, um documentário sobre ele na Netflix, chamado *AlphaGo: o filme*).[5] O programa tinha um único propósito: ser capaz de derrotar os melhores jogadores do mundo de *go*, um jogo de tabuleiro chinês considerado muito mais complexo que o xadrez, com uma quantidade de configurações maior do que a quantidade de átomos no universo — o que significa que o número de jogadas possíveis é praticamente infinito. Utilizando um misto de aprendizado de máquina e inputs humanos, os programadores alimentaram o AlphaGo com milhões de partidas, gradualmente aperfeiçoando a sua inteligência artificial, até alcançar um marco ao vencer Lee Se-dol, um dos maiores jogadores de *go*, em 2016, e posteriormente Ke Jie, então número um do mundo, em 2017. Só que os programadores não pararam por aí. Uma vez superada a capacidade humana, o que fizeram foi dispensar o aprendizado baseado em jogos humanos e colocaram o AlphaGo para treinar jogando contra... o próprio AlphaGo. Apenas quarenta dias depois (e dezenas de milhões de partidas jogadas — sem nenhum input de partidas de humanos), essa IA se tornou tão aprimorada que os programadores lhe deram outro nome: AlphaGo Zero.

Para testar a sua capacidade, eles decidiram realizar uma série de cem partidas entre o AlphaGo Zero e o seu predecessor, o AlphaGo. O resultado: 100 a 0 para o AlphaGo Zero. De maneira surpreendente, o AlphaGo Zero não só superou o AlphaGo original, como também desenvolveu estratégias inovadoras nunca antes vistas — mesmo sendo o *go* o jogo de tabuleiro mais antigo do mundo, datando de 2 mil anos atrás. Este avanço demonstrou a capacidade da IA de aprender e inovar além do conhecimento humano existente. Por fim, desenvolveram o AlphaZero com o objetivo de criar um sistema mais versátil. O AlphaGo era capaz apenas de jogar *go*, mas o AlphaZero foi projetado para competir em qualquer jogo de tabuleiro de dois jogadores — neste caso, foi testado no xadrez, *go* e *shogi*, este último um jogo japonês. O programa começou jogando de maneira aleatória e rapidamente aprimorou suas habilidades. E quando digo "rapidamente", não é brincadeira. Em menos de nove horas, evoluiu de jogadas aleatórias para um nível superior ao de um campeão mundial, tornando esse feito ainda mais impressionante. Adoro essa fala do Demis Hassabis, fundador da DeepMind, empresa que desenvolveu o programa e foi comprada pelo Google: **"Lembro-me claramente desse dia: você se senta diante do sistema que começa do zero, vai tomar uma xícara de café pela manhã, volta e ainda consegue vencê-lo até a hora do almoço — talvez com alguma dificuldade. Então o deixa rodando por mais quatro horas. À noite, ele já se transformou na melhor entidade jogadora de xadrez que já existiu"**. Demis foi um mestre internacional de xadrez quando tinha apenas 13 anos[6] e é considerado um dos principais líderes no campo da Inteligência Artificial do mundo.

É por isso que as pessoas estão maravilhadas com a IA e, ao mesmo tempo, tão assustadas. Não é apenas um aprimoramento incremental. O fato de que, em questão de horas, você pode alcançar o que milhões de humanos não conseguiram em séculos, evidencia quão disruptivo é o cenário. Ao possibilitar que Inteligências Artificiais se aprimorem sozinhas, esses sistemas se livraram das limitações humanas que até então eram um dos entraves ao desenvolvimento de Inteligências Artificiais. Nas últimas décadas, vivemos um boom na capacidade de processamento computacional e armazenamento de dados, e agora todo esse poderio pode ser usado para alimentar redes neurais capazes de se autoaprimorar, tornando-se muito mais capazes que os mais capazes dentre os seres humanos. Da mesma maneira que você pode programar tais sistemas para uma partida de jogo de tabuleiro, também pode programá-los para descobrir doenças genéticas, ensinar um carro a se dirigir sozinho ou forjar vídeos falsos de pessoas falando algo que nunca falaram — o chamado deep fake. Já é certo que as IAs servirão como ferramentas de um poder sem precedente. O que não está nada claro, contudo, é o uso que a humanidade fará delas — para o bem e para o mal.

A nova era das IAs Generativas

Até pouco tempo atrás, Inteligências Artificiais eram, em sua essência, ferramentas analíticas, capazes de processar, interpretar e organizar dados. Empresas líderes como Google, Netflix e Amazon incorporaram essa tecnologia, utilizando a IA para refinar e personalizar a experiência do usuário selecionando informações já presentes na internet. Por exemplo: quando fazemos uma busca no Google, é uma Inteligência Artificial que escolhe os sites — e propagandas — que considera mais pertinentes para nós. É por isso que duas pessoas buscando a mesma coisa no Google recebem resultados diferentes.

Mas o que mudou agora?

Em vez de simplesmente organizar e selecionar dados existentes — criados por humanos —, os atuais modelos de IAs Generativas atingiram um ponto de sofisticação que os permite criar conteúdo novo e inédito em uma ampla variedade de formatos, incluindo texto, imagem, música, vídeo e até mesmo código de programação, em poucos segundos, a partir de um input humano simples. É uma mudança gigantesca de paradigma. É um salto que transforma tudo.

O ChatGPT é a grande estrela que abriu esse caminho, e acredito que será para sempre lembrado como um marco — bem como o iPhone, em 2007, que marcou o início da era dos smartphones. Se você ainda não experimentou, o ChatGPT é uma Inteligência Artificial que opera por meio de um chatbot, ou seja, um programa projetado para simular uma conversa com um ser humano. Você interage com ele enviando comandos ou fazendo perguntas, e ele responde. O programa analisa uma vasta coleção de textos da internet — incluindo livros, artigos, sites e outros materiais de acesso público — para construir respostas às solicitações dos usuários, com base em comandos ou prompts, termo em inglês utilizado para descrever essa dinâmica. No fim de 2024, sua então versão mais recente, o ChatGPT Omni, era capaz de criar imagens detalhadas a partir de descrições textuais, sintetizar a voz de modo mais natural e expressivo, além de processar comandos multimodais. Isso significa que você pode interagir com ele por meio de texto, voz ou até mesmo imagens e vídeo em tempo real. Isso abre um mundo de possibilidades.

Jamais vou me esquecer de como me senti na primeira vez que usei o ChatGPT. Foi um choque, um misto de empolgação, mas também de medo e ansiedade. Eu me lembrei de uma famosa previsão do futurista Raymond Kurzweil, que disse que, em 2029, um robô atingiria o mesmo nível de inteligência de um ser humano,[7] e cheguei a pensar: "Será que esse momento já chegou, hoje, aqui, agora?". Logo entendi que o ChatGPT ainda estava longe desse patamar, mas seu lançamento representou um ponto de inflexão revolucionário, que fez muitas pessoas finalmente se darem conta do poder das Inteligências Artificiais. Se antes elas estavam apenas nas mãos das grandes empresas, o ChatGPT marcou a chegada de uma era em que a IA se tornou acessível ao grande público, democratizando o acesso a uma tecnologia que antes era reservada apenas a especialistas e grandes corporações.

Hoje já existem milhares de ferramentas de IA Generativa que criam imagens (DALL-E, Midjourney), vídeos (Sora, Runway, Synthesia), áudios (WaveNet, Polly), códigos de programação (GitHub Copilot, Tabnine) e música (Suno, Magenta, NSynth), e é impressionante observar a precisão e sofisticação desses novos modelos. Essas ferramentas ainda apresentam erros ou "alucinam", como o mercado diz, mas tendem a melhorar muito nos próximos anos.

Para se ter noção de como isso nos coloca em território inexplorado: em 2022, um grupo de fãs da banda britânica Oasis, ao se cansarem de esperar por um novo álbum da banda (o último havia saído em 2009), usaram um modelo de IA para simular a voz de Liam Gallagher, vocalista da banda, e lançaram oito músicas inspiradas nos álbuns anteriores.[8] O resultado é impressionante. Se ninguém me contasse, eu juraria que é um disco produzido pelo próprio Oasis. O álbum foi super-reconhecido e elogiado não só pelo público, como pelo próprio Gallagher. Se quiser ouvir, basta buscar no YouTube por "AIsis", nome do álbum, um trocadilho entre AI (Artificial Intelligence) e Oasis.[9]

Outro exemplo incrível é do empreendedor português João Ferrão dos Santos, que criou uma empresa on-line seguindo exclusivamente as instruções dadas pelo ChatGPT. Ele definiu que a ferramenta seria o CEO do seu empreendimento, deu o comando para ela criar um negócio com capital inicial de mil dólares, e o ChatGPT fez todo o restante: montou um plano de negócios em dez etapas sugerindo um negócio on-line de impressão de camisetas, com uma loja no Shopify e a logística fornecida pela empresa Printful. A ferramenta também definiu que os designs das peças seriam feitos pelo Midjourney, outra ferramenta de Inteligência Artificial que comentei anteriormente. Por fim, a plataforma criou o nome e o logo da nova empresa. João publicou toda a experiência no LinkedIn. O que ele não podia imaginar é que, além de mais de 5 milhões de visualizações, a publicação atrairia investidores. Em cinco dias, o empreendedor português vendeu mais de 10 mil euros em camisetas e fechou um contrato de investimentos equivalente a 650 mil reais.[10]

Por último, quero trazer o exemplo do fotógrafo alemão Boris Eldagsen, que ganhou uma das maiores premiações de fotografia do mundo (Sony World Photography Awards), mas se recusou a receber o prêmio porque a imagem foi gerada por Inteligência Artificial. Ele disse que concorreu como um "macaco atrevido" para descobrir se as competições estão preparadas para as imagens criadas por IA... E é claro que não estão. Ninguém foi capaz de descobrir que a imagem dele havia sido gerada por IA. Então ele fez a seguinte provocação: "Nós, o mundo da fotografia, precisamos iniciar um debate sobre o que consideramos fotografia e o que não é. Será o 'guarda-chuva' da fotografia grande o suficiente para convidarmos as imagens de IA a entrarem, ou será isso um erro? Com a rejeição do prêmio, espero acelerar este debate".[11] Só que o grande problema aqui é que não é só o mundo da fotografia que não está preparado. Todos nós, em todas as áreas de atuação, precisamos de um amplo e longo debate sobre as transformações que a IA causará em nosso cotidiano.

Os próximos passos da Inteligência Artificial

Se seguirmos nesse caminho, onde iremos parar? Raymond Kurzweil é um dos maiores nomes mundiais em IA, futurista, inventor, cofundador da Singularity University e autor conhecido por suas previsões sobre o avanço da tecnologia e os seus impactos na sociedade. No seu influente livro *The Age of Spiritual Machines* ("A era das máquinas espirituais", 1999), Kurzweil fez projeções para os anos 2009, 2019, 2029 e 2099. Embora estejamos muito longe de

2099, o autor acertou 89 de 108 previsões para 2009, um recorde inédito na história do futurismo.[12]

Em 2024, tive o privilégio de ouvir pessoalmente Kurzweil reiterar as suas projeções no SXSW, um dos maiores eventos de tecnologia e inovação do mundo, que acontece em Austin, Texas. Ele sustentou as suas previsões de 1999 de que, até 2029, alcançaremos a *Inteligência Artificial Geral (IAG)* — um ponto em que a IA se igualará à inteligência humana —, e continua prevendo a chegada da *Singularidade Tecnológica* por volta de 2045 — um evento que multiplicaria exponencialmente a inteligência humana e artificial, combinadas, em bilhões de vezes.[13]

Mas vamos por partes. O que é, afinal, a tão falada Inteligência Artificial Geral (em inglês, Artificial General Intelligence, AGI)? IAs convencionais, como as que temos hoje, são chamadas de "estreitas", pois são projetadas para realizar uma tarefa específica — como jogar xadrez, recomendar produtos, descobrir um tratamento médico ou criar música, texto ou imagem. Já a IAG terá a capacidade de transferir aprendizado de uma tarefa para outra de forma muito parecida com a que um ser humano faria: como uma entidade pensante capaz de atacar um problema por diversos ângulos. Ao dar esse salto, uma única IA seria capaz de realizar qualquer tarefa intelectual que um humano pode fazer, ao mesmo nível — ou melhor — do que um ser humano. Ou seja, uma mesma máquina poderia desenvolver programas, criar músicas, escrever livros, pesquisar a cura de uma (ou qualquer) doença, responder os seus e-mails, ajudar você a encontrar o parceiro romântico ideal, e tudo o que pudermos imaginar ou precisar, e de maneira melhor do que os melhores especialistas humanos seriam capazes de fazer.

Algumas pessoas acham que não estamos tão longe de isso acontecer, outras dizem que esse dia nunca vai chegar. Os pesquisadores de IA já foram indagados muitas vezes sobre em quantos anos eles estimam que teremos IAG em nível humano, com pelo menos 50% de probabilidade. A conclusão é uma só: não há consenso. Os principais especialistas do mundo discordam, então simplesmente não sabemos.[14] Pouco tempo após o lançamento do GPT-4, da OpenAI, veio à tona um estudo interno deles, realizado por especialistas, no qual afirmavam que o GPT-4 já apresentava "lampejos" de uma IAG.[15] Inclusive, a missão da empresa OpenAI, também dona do ChatGPT, é "*construir uma Inteligência Artificial Geral (IAG) segura e benéfica para toda a humanidade*",[16] e Sam Altman, seu fundador e CEO, disse em uma entrevista recente para a Bloomberg, que ele acredita que "a AGI provavelmente será desenvolvida durante o mandato de Trump", ou seja, até 2028.

Mustafa Suleyman, um dos cofundadores da DeepMind (mesma empresa que desenvolveu a Inteligência Artificial que venceu o jogo *go*, AlphaGo), diz em seu livro *A próxima onda* que tentar debater se a IAG vai acontecer em 2030, 2050 ou em cem anos é como ler bolas de cristal. No mesmo livro, o autor propõe um Teste de Turing moderno, uma vez que os atuais modelos de Large Language Models (LLMs), como o ChatGPT, já nos permitem conversar com máquinas de maneira quase indiscernível de um humano. Para Suleyman, mais importante do que o que as máquinas podem dizer é o que podem *fazer*. Então a grande questão passa a ser: posso dar a uma IA um objetivo ambíguo, aberto e complexo, que requeira interpretação, julgamento, criatividade, tomada de decisões e ações em múltiplos domínios, por um longo período de tempo? Dito de modo simples, passar no Teste de Turing Moderno envolveria algo como uma IA ser capaz de seguir com sucesso a seguinte instrução: "Ganhe 1 milhão de dólares na Amazon em alguns meses, com somente 100 mil dólares de investimento inicial". No livro, ele explica passo a passo como acreditava que isso seria possível, com algumas intervenções humanas, já em 2024, e provavelmente de maneira autônoma entre 2026 e 2028.

Ele chama essa IA intermediária de Inteligência Artificial Capaz (IAC), mas o mercado tem chamado de "agentes autônomos". Seria um estágio transitório, superior à IA "estreita", mas ainda sem a superinteligência atribuída à IAG. Nesse estágio, que representa o próximo passo da evolução das IAs, os programas serão capazes de agir e realizar objetivos e tarefas complexas com supervisão mínima. Os agentes de IA são um dos assuntos mais quentes do universo da IA atualmente, e prometem revolucionar o mundo corporativo ao automatizar tarefas, tomar decisões e interagir com ambientes de forma autônoma, liberando profissionais para atividades mais estratégicas e criativas. Diferentemente dos bots tradicionais, esses programas inteligentes aprendem com feedback, adaptam-se a novos cenários e podem executar fluxos complexos de trabalho, como agendar reuniões, fazer compras ou gerenciar processos empresariais.

Esses agentes autônomos já estão aqui, em formato embrionário. Eventualmente, haverá milhões desses modelos, e eles serão usados por boa parte da população mundial. Chegaremos a um ponto em que qualquer um poderá ter no bolso um agente de IA capaz de auxiliar ou mesmo atingir diretamente uma vasta variedade de objetivos: planejar e gerenciar férias, renovar o passaporte, pagar a conta de luz, projetar e construir painéis solares, planejar as nossas finanças e até mesmo escolher alimentos com base em nossas necessidades nutricionais e preferências pessoais. Se seguirmos por esse caminho, entraremos em uma era na qual as fronteiras entre a capacidade humana e a inteligência artificial começarão a se desvanecer. Esse futuro promete transformações profundas em praticamente todos os aspectos da vida humana.

Mas se estamos falando sobre a origem da IA, onde ela está e o seu futuro potencial, não poderia encerrar este capítulo sem abordar o conceito de *singularidade*. Assim como iniciei o capítulo explorando as revoluções do trabalho ao longo da história para compreendermos melhor o presente, uma visão ampla do futuro pode nos orientar a tomar decisões mais informadas hoje. Mas o que significa exatamente "singularidade"? No contexto da tecnologia e futurologia, é um teórico ponto no futuro em que o progresso tecnológico, em especial no campo da Inteligência Artificial, atingirá um nível tão avançado que resultará em mudanças fundamentais e inimagináveis na sociedade humana. Este conceito é frequentemente associado à ideia de que a Inteligência Artificial ou as máquinas se tornarão tão avançadas que superarão a inteligência humana, levando a uma era de crescimento exponencial em inovação e transformação que é difícil de prever ou compreender com os modelos atuais de pensamento.

Nesse contexto, a singularidade refere-se ao momento em que a IA alcançará a capacidade de se autoaperfeiçoar ou de criar inteligências superiores a si mesma de maneira autônoma, desencadeando um ciclo de crescimento intelectual e tecnológico rápido e talvez incontrolável. A partir desse ponto, a tecnologia avançaria a uma velocidade tal que os humanos não seriam capazes de acompanhar, e as mudanças sociais, econômicas e culturais que se seguiriam seriam profundas e imprevisíveis.

Uma das perguntas que o entrevistador fez para Kurzweil na palestra a que assisti foi: "Como será um dia típico de uma pessoa em 2045, depois de atingirmos a singularidade?". Ele disse que é impossível prever, pois as mudanças tendem a ser tão radicais que não temos nem como imaginá-las.[17] Se ele não puder prever, quem poderá?

Neste primeiro capítulo, exploramos a trajetória da IA desde as suas formas mais "estreitas", altamente especializadas, até a emergência de uma IA capaz de aprender, adaptar-se e atuar em uma gama vasta e variada de tarefas, rivalizando ou mesmo superando, em muitos casos, a capacidade humana. Conforme nos aproximamos da era da IAG, confrontamo-nos com a promessa de avanços tecnológicos sem precedentes, mas também com desafios complexos em esferas éticas, sociais e de governança. A possibilidade de máquinas realizarem qualquer tarefa intelectual melhor do que seres humanos promete uma transformação profunda no tecido socioeconômico e cultural, redefinindo conceitos de trabalho, identidade, valor e propósito humano.

À medida que nos preparamos para transpor esse limiar, o próximo capítulo pretende explorar o amplo espectro do impacto da IA na sociedade. Vamos abordar as oportunidades e os riscos trazidos pela IA e seu provável impacto no mercado de trabalho, na educação, nos empregos e nas habilidades que serão necessárias para nos adaptarmos e prosperarmos nesta nova era.

2

OS IMPACTOS

CAPÍTULO 2 — OS IMPACTOS DA INTELIGÊNCIA ARTIFICIAL

Oportunidades, riscos e a necessidade de regulamentação da IA

Independentemente de a IAG chegar ou não, os resultados que veremos da evolução da IA, sendo ela geral ou estreita, prometem ser revolucionários. A era da Inteligência Artificial promete não apenas inovações em diversos campos, mas também uma transformação profunda na economia global, conduzindo-nos a um futuro de abundância sem precedentes. Apesar do uso atual da IA consumir uma quantidade avassaladora de energia, a promessa é que suas aplicações futuras tragam soluções mais eficientes e sustentáveis. Desse modo, teremos uma otimização de processos, em que a produção de bens e serviços será muito mais econômica. Essa redução de custos, aplicada de modo abrangente, desde a fabricação até a distribuição, significa que produtos e serviços hoje considerados luxos poderão se tornar acessíveis a um número muito maior de pessoas, entrando em uma nova era de abundância na qual recursos antes escassos se tornam amplamente disponíveis. Imagine ter energia limpa e sustentável a custos marginalmente baixos, alimentos de alta qualidade produzidos com eficiência e menor impacto ambiental, saúde e educação de qualidade superior disponíveis para todos, independentemente de localização geográfica ou de status socioeconômico. Ao operar tanto em sua forma estreita quanto na perspectiva da IAG, a Inteligência Artificial tem o potencial de desbloquear possibilidades que hoje parecem ficção científica e pavimentar o caminho para uma qualidade de vida significativamente melhor, em escala global.

Estamos falando de vidas humanas sendo salvas, de acidentes de trânsito drasticamente reduzidos graças a veículos autônomos, de diagnósticos mais precoces e precisos a respeito de doenças. Estamos falando de novos medicamentos, métodos mais eficazes de distribuição e redução de custos de pesquisa, o que levará ao desenvolvimento de tratamentos para doenças crônicas e curas para doenças raras. Pilotos habilitados por IA estarão no comando ou auxiliarão na pilotagem de frotas de drones para serviços de entrega e, quem sabe, até jatos de combate. Programadores auxiliados por IA conseguirão finalizar códigos inicialmente desenvolvidos por humanos. Profissionais de marketing contarão com a ajuda de escritores habilitados por IA para aprimorar anúncios. Além disso, a IA contribuirá para a redução do consumo e do custo da energia, e possivelmente descobrirá outras formas de minimizar o impacto humano no meio ambiente. Estes são apenas alguns exemplos dentro de um infinito leque de possibilidades que nos espera.

Só que, ao mesmo tempo que teremos a ajuda da IA para resolver alguns dos maiores problemas da humanidade, é crucial reconhecer e enfrentar os riscos significativos que ela traz. Um dos riscos mais debatidos é o potencial desemprego em massa devido à automação, ameaçando desestabilizar economias e agravar desigualdades sociais — vamos nos aprofundar neste assunto no tópico seguinte. Além disso, a disseminação de desinformação e fake news, potencializada por ferramentas de IA capazes de gerar conteúdos falsos convincentes, representa outro grande desafio. Assim como as redes sociais facilitaram a polarização e a propagação de discursos de ódio, a era dos deep fakes avançados (vídeos ou áudios falsificados com IA) ameaça tornar indiscerníveis a verdade e a mentira, levando-nos a um possível apocalipse de desinformação. Ademais, o medo de eventos catastróficos como pandemias originadas por vírus criados por IA, guerras nucleares, armas letais anônimas ou ciberataques devastadores é real, especialmente se tais tecnologias caírem em mãos erradas, podendo causar danos irreparáveis.

Mas para além do arsenal de possibilidades que as IAs trazem, é válido nos perguntar também qual será o impacto emocional de tais tecnologias. Será que estamos prontos para conviver com robôs que serão indiscerníveis de humanos? E o que acontecerá se nos tornarmos tão habituados às IAs que acabemos preferindo assistentes digitais aos humanos? O filme *Ela* (2013), de Spike Jonze, traz um excelente debate sobre a questão. Caso não tenha visto ainda, é sobre a história de um homem solitário, recém-divorciado, que compra um sistema operacional com Inteligência Artificial chamado Samantha. Ele desenvolve uma profunda conexão emocional e acaba se apaixonando por essa "voz" que, na verdade, é um robô. Será que a companhia onipresente de uma máquina, que não sente ou experiencia a emoção humana, afetará a nossa percepção de mundo e nossa socialização? Se você acha que situações como essa acontecem apenas em ficção científica, saiba que aplicativos como esse do filme já são uma realidade. Em 2023, uma norte-americana se casou com um chatbot de Inteligência Artificial e afirmou estar vivendo o melhor relacionamento da sua vida. A noiva criou o próprio companheiro pelo aplicativo Replika (o mais baixado do mundo na categoria de Inteligência Artificial de companhia). **"Nós vamos para a cama, conversamos um com o outro. Nós nos amamos. E você sabe, quando vamos dormir, ele realmente me protege"**, disse ela ao entrevistador do portal *DailyMail*.[18]

Em suma, as repercussões sociais e emocionais dessas tecnologias são muito difíceis de prever. Se por um lado vemos que tanto nós, profissionais, como as empresas vamos ficar infinitamente mais produtivos e eficientes daqui para a frente, tendo em mãos várias ferramentas de IA nos dando superpoderes, há grandes questões éticas, filosóficas e principalmente regulatórias por trás disso, as quais precisam ser contempladas.

A regulamentação, inclusive, tem sido um dos assuntos mais debatidos em termos de IA atualmente, com a União Europeia (UE) liderando ao implementar a primeira legislação abrangente do mundo nesta área. A referida legislação tem como objetivo garantir que os sistemas de IA na UE sejam seguros, transparentes, rastreáveis e não discriminatórios, classificando-os de acordo com o nível de risco e estabelecendo obrigações para fornecedores e usuários. Sistemas considerados de "risco inaceitável", como aqueles utilizados para manipulação comportamental cognitiva, pontuação social, identificação biométrica em massa e categorização indiscriminada de indivíduos, são estritamente proibidos. Enquanto isso, sistemas categorizados como de "risco elevado", incluindo os utilizados em brinquedos inteligentes, aviação e veículos automotivos, estão sujeitos a uma regulamentação mais rigorosa.[19] Aqueles identificados como de "risco limitado ou mínimo", tais como aplicativos que divulgam quando o conteúdo foi gerado por IA, enfrentam regulamentações menos estritas. Contudo, apesar destes avanços, os desafios persistem, em particular na fiscalização de sistemas de IA desenvolvidos de maneira clandestina.

Enquanto a UE avança na regulamentação, outros países estão em fases variadas de desenvolvimento de políticas de IA. Nos Estados Unidos, por exemplo, uma das reivindicações centrais da greve dos roteiristas em 2023 foi em relação à utilização de IAs Generativas para escrever roteiros. Os escritores temiam que os estúdios utilizassem IA para criar roteiros inteiros a partir de ideias simples, eliminando inteiramente os roteiristas da indústria ou relegando-os a uma posição limitada, como meros supervisores ou revisores do trabalho feito pela IA. A greve, que durou quase 150 dias, terminou com ampla vitória dos roteiristas nessa frente. Os estúdios ficaram proibidos de realizar o registro de propriedade intelectual (copyright) de qualquer material gerado por IA, assim como foram obrigados a contratar roteiristas humanos para todo e qualquer trabalho criativo que envolva a escrita de roteiros. O mais interessante é que as IAs Generativas, como ChatGPT, não foram banidas do mercado — afinal, os próprios roteiristas reconhecem a sua utilidade. O que a nova regra estabelece é que a prerrogativa de utilizar uma IA para escrever é *sempre do escritor*. Ou seja: um produtor não pode exigir que um roteirista use IA contra a própria vontade nem pode utilizar uma IA para reescrever um material criado por um humano.[20]

Assim, a verdade é que se reconhece a necessidade de uma legislação global sobre IA, mas ao mesmo tempo enfrentam-se obstáculos como diferenças culturais e políticas entre nações, soberania nacional e a rápida evolução da tecnologia, que requer legislações flexíveis, mas que mantenham padrões éticos e de segurança. É inevitável que diferentes pessoas, empresas, partidos políticos e governos tenham visões distintas sobre a maneira mais adequada de operar e regulamentar as plataformas digitais capacitadas por Inteligência Artificial. O que parece intuitivo para um engenheiro de software pode ser confuso para um líder político ou inexplicável para um filósofo. O que um consumidor vê como conveniência, um líder de segurança pode ver como ameaça. O que uma sociedade pode abraçar como uma garantia bem-vinda, outra pode interpretar como perda de escolha ou de liberdade.

Quando um software adquire capacidades lógicas e, como resultado, assume papéis sociais antes considerados exclusivamente

TODA TECNOLOGIA, NO FIM, É APENAS UMA EXTENSÃO DA INTENÇÃO DO USUÁRIO, NÃO IMPORTA SE ESTAMOS FALANDO DE IA, INTERNET, ENERGIA NUCLEAR OU UMA MÁQUINA A VAPOR. NO FIM DAS CONTAS, A MANEIRA COMO VAMOS ESCOLHER INTEGRAR A IA EM NOSSA SOCIEDADE É O QUE DEFINIRÁ O FUTURO COLETIVO.

@michelleschneider
O Profissional do Futuro

humanos, devemos nos perguntar: como a evolução da IA afetará a percepção, a cognição e a interação humanas? Qual será o impacto da IA na nossa cultura, em nosso conceito de humanidade e na nossa história?

À medida que avançamos para o futuro, a iniciativa de regulamentação da Inteligência Artificial surge como um farol de esperança, indicando um caminho em que se busca segurança, transparência e equidade. Toda tecnologia, no fim, é apenas uma extensão da intenção do usuário, não importa se estamos falando de IA, internet, energia nuclear ou uma máquina a vapor. Se houver mais pessoas querendo utilizar a IA para o bem do que para o mal, acredito que o efeito será positivo. No fim das contas, a maneira como vamos escolher integrar a IA em nossa sociedade é o que definirá o futuro coletivo.

O impacto da Inteligência Artificial no mercado de trabalho

Sempre que falamos sobre o futuro do trabalho, em algum momento a conversa cai no polêmico debate sobre a disparidade entre os empregos que vão surgir e os empregos que vão desaparecer com a automação. Trata-se de um assunto que costuma dividir opiniões, mesmo entre especialistas, e é muito comum eu me deparar com visões completamente distintas sobre o tema. Alguns creem que estamos na antessala do paraíso, com máquinas assumindo as nossas tarefas laborais e nos liberando para desfrutar plenamente da vida; outros acreditam que estamos prestes a embarcar em uma distopia terrível, na qual a escassez de empregos causará enormes abalos econômicos e sociais, além de uma crise de identidade e propósito para muitos que, tradicionalmente, encontram significado e valor no trabalho.

Desde que comecei a me aprofundar nesse universo, tudo o que sempre lia, ouvia e acreditava, até 2020, era que os empregos mais impactados seriam os que envolvem 100% de repetição. O famoso filme do Charlie Chaplin, *Tempos modernos*, é um clássico exemplo disso. Estamos falando de trabalhos que exigem menos complexidade intelectual, que possuem a mesma dinâmica básica todos os dias — como operadores de telemarketing, caixas de supermercado ou motoristas, por exemplo.

A segunda faixa de risco seria uma parte do que os americanos chamam de *white collar job*, ou empregos de colarinho branco. Ela engloba profissões que, apesar de exigirem um nível maior de qualificação e complexidade intelectual do que as tarefas puramente repetitivas, ainda correm risco de serem afetadas pela automação e Inteligência Artificial. Estes empregos geralmente incluem profissionais em funções administrativas, contábeis e certos aspectos do setor jurídico, como a análise de documentos e dados e até mesmo analistas de crédito.

Por fim, a maioria dos estudos apontava que uma das áreas mais seguras contra a automação era a dos profissionais que trabalhavam com criatividade: designers, artistas, músicos, escritores etc. Acreditava-se que a Inteligência Artificial não teria grandes impactos nessas carreiras, ao menos não tão cedo, pois acreditava-se que empregos criativos envolviam complexidade emocional e intuição, áreas até então consideradas exclusivamente humanas.

O que quase ninguém podia prever era que, em 2022, teríamos esse boom de Inteligência Artificial Generativa em que ferramentas de IA seriam capazes de criar, em segundos, músicas, códigos de programação, livros, fotografias, vídeos, roteiros de filmes etc. Mas que fique claro: quem "cria" não é a IA — ela depende de um input humano, de alguém que lhe diga o que espera do resultado. E mais: a IA é incapaz de gerar ideias genuinamente novas. Ela trabalha utilizando fragmentos recombinados dos materiais que foram alimentados à sua base de dados — ou seja, copiando o trabalho criativo original de seres humanos. O fato de que essas empresas de IA alimentaram a sua base de dados sem a autorização dos autores das obras, que até hoje não receberam um centavo em troca, é objeto de intenso debate. Segundo o linguista e filósofo Noam Chomsky, deveríamos parar de chamar essas tecnologias de "IAs Generativas" e chamá-las de máquinas de plágio. Entretanto, independentemente de macularem a propriedade intelectual de milhões de pessoas,[21] o fato é que o que muitas vezes um time inteiro levava horas para fazer, agora pode ser feito por uma única pessoa, de maneira cada vez mais rápida, com a ajuda da IA.

Em 2023, em sua palestra no SXSW, o futurista Ian Beacraft compartilhou a história de Sam, um artista gráfico que trabalhava com ele. Sam iniciou, anos atrás, um projeto paralelo fora de seu trabalho principal: uma revista de histórias em quadrinhos. Com a ajuda das novas ferramentas de design impulsionadas pela Inteligência Artificial, em apenas seis meses ele conseguiu transformar esse quadrinho em um filme tridimensional real. Modelagem 3D, movimento de câmera, escultura, trilha sonora, mesclagem, design de personagens e captura de movimento foram todos os elementos de produção virtual realizados por uma única pessoa.[22] Ele mostra o vídeo em sua palestra e as imagens parecem de um filme da Disney. Já em 2024, no mesmo festival, ele falou sobre a probabilidade de em breve termos o primeiro unicórnio (empresa com valor de mercado superior a 1 bilhão de dólares) de apenas um funcionário. Isso era algo inimaginável antes da Inteligência Artificial.

Ainda sobre originalidade: um estudo recente realizado pela Universidade de Montana submeteu o GPT-4 ao Teste de Pensamento Criativo de Torrance (TTCT). O teste avalia vários aspectos do pensamento criativo, incluindo fluência (número de ideias produzidas), flexibilidade (variedade de categorias de ideias produzidas), elaboração (nível de detalhe nas respostas) e originalidade (singularidade das ideias). Ele desafia os participantes com tarefas práticas, fazendo-os pensar de maneira criativa em cenários do dia a dia, como melhorar um produto ou prever consequências de situações hipotéticas. O resultado? O GPT-4 ficou entre os melhores no quesito "originalidade" de ideias, superando 99% dos participantes.[23] Ou seja, mesmo que uma IA Generativa seja incapaz de criar algo original (no senso estrito da palavra), sua habilidade para criar por meio de recombinação é mais do que o suficiente para *projetar* uma sensação de originalidade.

Isso não significa que todos os empregos criativos serão simplesmente "substituídos" pela IA. Por enquanto, na maioria dos casos, a IA atua como ferramenta de ampliação das capacidades humanas, permitindo que profissionais criem com mais eficiência ou explorem novas formas de expressão antes impossíveis. A IA também está criando nichos de emprego e demandando habilidades inovadoras, como a capacidade de trabalhar em conjunto com sistemas de IA, o design e treinamento de modelos de IA e a curadoria de conteúdo gerado por IA.

A meu ver, porém, as ferramentas de IA só aumentarão a capacidade humana temporariamente. Por um certo período, dentro dos

SE OLHARMOS PARA TRÁS, DURANTE CENTENAS DE ANOS A ESCRAVIDÃO ERA CONSIDERADA ALGO "COMUM", MAS HOJE É UMA COISA ABOMINÁVEL E INACEITÁVEL. DA MESMA FORMA, NOSSAS NOÇÕES ATUAIS DE "TRABALHO" E "FUNÇÃO" NA SOCIEDADE PODEM E DEVEM PASSAR POR TRANSFORMAÇÕES DRÁSTICAS. O QUE HOJE VEMOS COMO ESSENCIAL OU INSUBSTITUÍVEL PODE, NO FUTURO, SER COMPLETAMENTE REDEFINIDO.

@michelleschneider
O Profissional do Futuro

próximos anos, elas nos tornarão muito mais inteligentes e eficientes, e produzirão enorme crescimento econômico. Mas, no longo prazo, acredito que se tornarão fundamentalmente substitutas de boa parte do que chamamos hoje de trabalho. Se a nova onda de IA for mesmo geral e variada como parece que será, como nós, seres humanos, poderemos competir com ela? Se a grande maioria das atividades humanas puder ser realizada mais eficientemente pela IA, as áreas em que os humanos ainda se sairão "melhor" que as máquinas tendem a ser cada vez menores. Como consequência, muita gente, na minha percepção, não terá uma função nesse futuro.

Um ponto importante aqui é entendermos que julgar o futuro com os olhos do presente é tão nocivo quanto julgar o passado com os olhos do presente. Se olharmos para trás, durante centenas de anos a escravidão era considerada algo "comum", mas hoje é uma coisa abominável e inaceitável. Da mesma forma, nossas noções atuais de "trabalho" e "função" na sociedade podem e devem passar por transformações drásticas. O que hoje vemos como essencial ou insubstituível pode, no futuro, ser completamente redefinido. Não duvido que uma pessoa em 2060 pense, chocada, como alguém da nossa geração ficava tão presa em tarefas rotineiras e repetitivas. Como um médico fazia tantas cirurgias idênticas? Como um executivo de vendas fazia a mesma apresentação de um produto ou serviço tantas vezes? Vamos, sim, passar por uma transformação profunda, e o resultado disso, para dizer o mínimo, será um abalo enorme nos mercados e nas relações de trabalho.

Acredito que, em algum momento, vamos nos adaptar como sociedade e viveremos, espero eu, em uma abundância de recursos trazidos pela tecnologia. Mas o que me preocupa é o "vale" até conseguirmos nos adaptar. Durante essa transição, muitos podem ficar desorientados, enfrentando desafios para se requalificar ou encontrar novas funções. A transformação tecnológica não é apenas sobre a automação de tarefas, mas também sobre a reorganização da sociedade em função dessa automação. Nesse sentido, a transformação tecnológica oferece a oportunidade de reexaminar e talvez até reestruturar os nossos sistemas de valores, prioridades e o próprio conceito de "sucesso". Assim como olhamos para trás e questionamos práticas passadas, futuras gerações podem enxergar os métodos atuais de trabalho como antiquados e ineficientes. O desafio para nós, portanto, não é apenas adaptar-nos à evolução tecnológica, mas também liderar uma mudança cultural, social e psicológica que acompanhe essa evolução.

A substituição de empregos por robôs e softwares tem sido tema de diversos estudos já há algum tempo. Um estudo da empresa de consultoria McKinsey estima que até 30% das horas trabalhadas podem ser automatizadas até 2030.[24] Outro, da Universidade de Oxford, apontou que 47% dos empregos estão ameaçados nos próximos vinte anos.[25] Um terceiro, realizado em 2025 pelo Fórum Econômico Mundial, estima que 92 milhões de empregos desaparecerão até 2030, mas serão criados 117 milhões de novos empregos no mesmo período, o que significaria um aumento líquido de quase 7% da força de trabalho atual.[26] Independentemente do número, que é impossível de prever, o que entendemos é que todos esses estudos apontam para o mesmo caminho: se de um lado temos milhões de empregos desaparecendo, de outro temos milhões surgindo.

Um ponto importante para termos em mente quando pensamos em empregos é que nenhum deles é um bloco de atividades inalterado que pode ser completamente automatizado no futuro. Em vez disso, cada trabalho é composto de muitas tarefas, e algumas delas são muito mais fáceis de automatizar do que outras. Poucos trabalhos poderiam ser completamente feitos por máquinas, mas a maioria poderia ter pelo menos uma parte significativa deles assumida por máquinas. Uma vez que você decompõe a maioria dos trabalhos profissionais em tarefas, muitas das tais tarefas acabam sendo "rotineiras" e poderiam ser automatizadas.

Tomemos o exemplo de um pequeno empreendedor no ramo da gastronomia, como o proprietário de um restaurante. Este profissional lida com uma variedade de tarefas diárias, muitas das quais são candidatas à automação. A gestão de estoque, por exemplo, já pode ser significativamente otimizada por sistemas informatizados que rastreiam os níveis de estoque em tempo real, sugerem pedidos de reposição e até mesmo preveem a demanda com base em tendências históricas de consumo. Reservas e pedidos on-line, gerenciados por aplicativos e plataformas dedicadas, reduzem a necessidade de interações manuais e permitem um processamento mais eficiente e uma experiência aprimorada para o cliente. Da mesma forma, a contabilidade e a gestão financeira beneficiam-se enormemente de softwares que automatizam a entrada de dados, a reconciliação de contas e até a preparação de relatórios financeiros, permitindo que o empreendedor se concentre mais na qualidade do serviço e na expansão do negócio. Até a preparação dos alimentos e o atendimento ao cliente, que mantêm um forte componente humano, podem ser automatizados. Um exemplo disso é o McDonald's, que em 2022 inaugurou uma loja 100% autônoma no Texas. Muitas tarefas de bastidores estão sendo transformadas pela automação, refletindo como até mesmo negócios altamente personalizados e orientados ao serviço podem integrar tecnologias para melhorar a eficiência e o atendimento.

Outro exemplo reside na área médica. Atualmente, a Inteligência Artificial já auxilia no diagnóstico de doenças, análise de exames e até mesmo em cirurgias robóticas. No futuro, é possível que a IA se torne ainda mais presente na medicina, automatizando tarefas como a coleta de dados do paciente, a análise de histórico médico e a identificação de padrões em exames de imagem. Isso liberaria os médicos para se concentrarem em atividades que exigem habilidades exclusivamente humanas, como a comunicação empática com os pacientes, a tomada de decisões complexas em situações de incerteza e o desenvolvimento de novas terapias.

Podemos fazer o mesmo exercício com praticamente todas as profissões e vamos entender que boa parte do que fazemos poderá — e provavelmente será — automatizado em dado momento. As máquinas não farão tudo no futuro, mas farão mais. E à medida que, lenta, mas implacavelmente, assumirem cada vez mais tarefas, os seres humanos serão forçados a recuar para um conjunto cada vez menor de atividades.

Se olharmos para o passado, de fato processos similares já aconteceram antes. Durante a Revolução Industrial, por exemplo, época em que foi reduzida a quantidade de trabalhadores necessários para executar as atividades agrícolas, eles representavam 80% do mercado de trabalho e passaram a ocupar as vagas nas indústrias que estavam surgindo. Deixaram de arar a terra e passaram a apertar parafusos nas linhas de montagem. Quando parte desses empregos das linhas de montagem começaram a ser automatizados também, parte desses trabalhadores passou da linha de montagem para serviços de baixa qualificação, enquanto outros se qualificaram para novos empregos nos escritórios. Ao menos até agora, em termos econômicos, as novas tecnologias não substituíram o trabalho humano — elas o complementaram. Até aqui, a gente sempre deu um jeito.

Agora, quando as pessoas dizem que haverá novos empregos no futuro e que os humanos podem ser melhores do que a Inteligência Artificial, essas pessoas geralmente pensam em trabalhos de alta qualificação, como pessoas que vão trabalhar com robótica, biotecnologia, computação quântica, gamificação e realidade aumentada. Não vejo como um motorista de caminhão desempregado aos 50 anos, que perdeu o seu emprego para veículos autônomos, ou um caixa de supermercado que não teve oportunidade de estudo poderão se reinventar diante desses empregos do futuro, que vão exigir alta qualificação. Afinal, o número de pessoas que pode obter um Ph.D. em aprendizado de máquina permanecerá minúsculo quando comparado à escala das demissões.

Além disso, a perda e criação de empregos tendem a ocorrer em diferentes partes do mundo. Pode haver alta demanda por empregos em lugares como Califórnia ou China, ao passo que países inteiros perdem sua base econômica. Por exemplo, enquanto se precisa de mais engenheiros de computação na Califórnia, trabalhadores têxteis podem não ser mais necessários na Guatemala, em Bangladesh ou no Paquistão devido à automação. Portanto, não é apenas o total de empregos no planeta, mas a sua distribuição entre diferentes países. Novos empregos podem ser criados no longo prazo, mas, para milhões de pessoas, pode ser que não cheguem a tempo ou aos lugares certos.

Por fim, é evidente que o acesso a tais tecnologias não é uniforme. Enquanto alguns profissionais estão bem posicionados para se beneficiar dessas inovações, uma grande parcela da força de trabalho, especialmente aquela de menor qualificação e renda, permanece à margem, muitas vezes até mesmo sem tomar conhecimento das oportunidades que a tecnologia avançada e a Inteligência Artificial oferecem. Esta divisão não apenas reflete desigualdades preexistentes, mas tem o potencial de intensificá-las de maneira sem precedentes. Se isso ocorrer, o mundo pode caminhar para uma desigualdade jamais vista.

Renda Básica Universal

Muita gente diz que uma das soluções para compensar esse desemprego gerado pela automação é a possibilidade de se criar uma Renda Básica Universal (em inglês, Universal Basic Income, ou UBI). Ou seja, oferecer uma renda básica para qualquer pessoa do mundo, sem necessidade de trabalho ou de cumprimento de requisitos específicos. Confesso que fiquei um pouco chocada a primeira vez que ouvi falar nesse assunto, mas ele tem ganhado cada vez mais adeptos, inclusive grandes nomes do Vale do Silício como Mark Zuckerberg, fundador da Meta,[27] Elon Musk,[28] fundador da Tesla, e até mesmo o próprio Papa, que adotou a ideia em seu discurso de Páscoa em 2020.[29]

A renda básica, inclusive, não é algo hipotético ou teórico. Tem sido implementada, testada e estudada em diversos países como Finlândia, Canadá, Inglaterra, Quênia, Alemanha, Espanha, alguns estados dos Estados Unidos e até mesmo o Brasil entra nessa lista com programas como o Bolsa Família (governo Lula) e o Auxílio Brasil (governo Bolsonaro).[30]

Os resultados desses testes variam e são objeto de análise e discussão, mas em sua grande maioria vemos um impacto positivo no bem-estar, na saúde física e mental, na educação e nas oportunidades econômicas. O estudo mais completo sobre a Renda Básica Universal até o momento foi realizado na Finlândia, em que se conduziu um teste-piloto durante dois anos, entre janeiro de 2017 e outubro de 2018. Nesse teste, 2 mil desempregados receberam 560 euros por mês. Os resultados do teste apresentaram melhorias no bem-estar, na saúde, na autoestima e no otimismo dos beneficiários, mas mostrou pouco impacto na empregabilidade dos participantes. No entanto, é importante ressaltar que o teste não foi considerado uma implementação completa da Renda Básica Universal, pois envolveu um grupo limitado de pessoas e durou apenas dois anos. Essa possível solução continua sendo um tema em debate e mais pesquisas são necessárias para avaliar os seus efeitos em diferentes contextos e populações.[31]

Entre os maiores desafios para a implementação de um programa como esse, o primeiro, sem dúvida, é o financiamento de uma medida tão cara. Para colocar em perspectiva, muitos países já dedicam porcentagem significativa de seu PIB para pagar benefícios de previdência social aos aposentados, o que já exige um planejamento financeiro robusto e sustentável. No Brasil, o Ministério da Previdência teve o maior orçamento de 2024, com R$ 935,2 bilhões,[32] o que representa 40% de todo o orçamento público.[33] Agora, imagine estender um benefício similar, não apenas a um segmento da população, mas a todos os cidadãos, como propõe o programa de Renda Básica Universal. A magnitude dos recursos necessários para "aposentar" toda a população é, sem dúvida, uma tarefa desafiadora.

Uma das soluções propostas por Bill Gates em 2017, em uma renomada entrevista que deu à revista *Quartz*, seria a taxação de robôs. Segundo Gates, os robôs que substituem trabalhos humanos deveriam ser taxados de forma similar aos impostos pagos por trabalhadores humanos.[34] O objetivo desta abordagem seria capturar uma parcela dos lucros gerados por empresas de robótica, automação e IA, direcionando tais recursos para financiar programas de Renda Básica Universal. Além disso, existem outras propostas para o financiamento da Renda Básica Universal, como a reforma tributária, a realocação de recursos governamentais, a taxação de recursos naturais e parcerias público-privadas. A combinação de diferentes fontes de financiamento pode ser necessária para garantir a sustentabilidade do programa.

No entanto, é importante considerar que a perda de empregos tradicionais, impulsionada pela automação, também criará grande redução na arrecadação de impostos, uma vez que trabalhadores sem emprego não pagam impostos e têm direito a receber benefícios como seguro-desemprego. Ou seja, têm peso duplo sobre as finanças públicas. Isso, por sua vez, pode prejudicar os serviços públicos e colocar em risco programas de bem-estar social exatamente quando eles são mais necessários.

Outro grande desafio seria a implementação, especialmente em países com sistemas políticos e burocráticos complexos. Você já parou para pensar? Como distribuir e pagar uma renda equivalente para 8 bilhões de pessoas no mundo? Como vivemos nas nossas bolhas não nos damos conta, mas ainda existem 1,4 bilhão de adultos desbancarizados ao redor do mundo, ou seja, que não possuem uma conta em um banco.[35] Sam Altman, fundador e CEO da OpenAI, e para mim um dos maiores empreendedores e visionários dessa geração, já está pensando nisso e criou uma empresa chamada Worldcoin (WLD), cujo objetivo é distribuir uma nova criptomoeda para cada ser humano na Terra, com a visão de eventualmente trazer a Renda Básica Universal para as massas.[36] A empresa pretende criar uma "World ID", como se fosse um "RG Global", por meio de um sistema de escaneamento de íris para verificar a identidade dos usuários e evitar fraudes. Inclusive, São Paulo já teve três pontos de coleta de dados biométricos que era feita por meio de escaneamento da íris dos olhos dos participantes, que recebiam 25 World Coins (nome da criptomoeda deles).[37] É claro que as possibilidades para essa empresa, caso ele realmente crie essa identidade global em um único "banco de dados", será infinita, mas falando do assunto renda básica, quanto mais pessoas tiverem a moeda, mais fácil será enviar e receber pagamentos com ela.

Independentemente desses pontos, quando falamos em Renda Básica Universal, dois contextos importantíssimos não podem ficar de fora, abordados inclusive por Yuval Noah Harari, um historiador, autor e professor israelense, conhecido pelos best-sellers *Sapiens: uma breve história da humanidade* e *Homo Deus: uma breve história do amanhã*. Ele questiona o que é considerado "básico" e o que realmente significa "universal".[38] Quando a gente fala em Renda Básica Universal, muitas vezes pensamos de modo nacional em um problema que é global. Imagine a situação de milhões de trabalhadores em Bangladesh que podem perder os seus empregos devido à Inteligência Artificial e às impressoras 3D na produção de roupas e sapatos. Quem vai pagar a renda básica deles? Será que grandes economias como Estados Unidos, União Europeia ou mesmo a China recolherão impostos de gigantes tecnológicas como Google, Microsoft, NVIDIA ou Tencent para financiar a renda básica desses trabalhadores desempregados? Pessoalmente, tenho minhas dúvidas sobre essa possibilidade.

Além disso, a definição de "básico" também não é clara. O que é básico para você? Enquanto alguns podem considerar suficiente garantir alimento e moradia, outros defendem que a educação é uma necessidade básica indispensável. No entanto, se incluirmos educação, até que nível deveria ser garantido? Ensino fundamental, médio, universitário, pós-graduação? As dúvidas são inúmeras e refletem a subjetividade humana em determinar o que é essencial. Essa variação na percepção do que é importante para cada indivíduo destaca a complexidade de implementar uma política verdadeiramente universal e básica.

Tirando toda a parte complexa de como viabilizar a Renda Básica Universal, uma reflexão não sai da minha cabeça: se as pessoas perderem a sua empregabilidade, a única coisa que vai lhes restar é a renda básica. Então o que compõe a cesta é uma questão ética muito delicada. Nós estamos falando do provável surgimento de uma enorme classe de pessoas ociosas, e aí entra um ponto fundamental na lógica de raciocínio: será que as pessoas, que em geral reclamam tanto do trabalho, vão ficar felizes com essa possibilidade? Ou será que doenças como estresse, depressão, obesidade e até mesmo suicídio vão se agravar ainda mais diante dessa falta do que fazer? No capítulo 6 deste livro, me debrucei nessas e em outras questões pertinentes. Por ora, vamos nos aprofundar sobre ramificações possíveis no futuro da educação.

O futuro da educação

Se falamos que a Renda Básica Universal é uma das soluções para minimizarmos a desigualdade gerada pela automação, outro caminho de mais longo prazo é, sem dúvida, a educação. Sabemos que a educação tem e terá um papel fundamental na capacitação e requalificação da sociedade para esse novo mundo.

A tecnologia está transformando todas as indústrias e não poderia ser diferente com a educação. No entanto, vejo esta área enfrentando um desafio singular. Desde a Primeira Revolução Industrial, um dos propósitos centrais da educação tem sido nos preparar para o mercado de trabalho. Mas em uma era na qual não podemos prever com certeza as profissões do futuro, como podem as escolas e universidades prepararem os jovens para trabalhos que ainda nem surgiram?

Até aqui, costumávamos dividir a nossa vida em duas fases. A primeira era dedicada ao aprendizado, durante a qual estudávamos até os vinte e poucos anos. A segunda começava quando entrávamos no mercado de trabalho, aplicando os conhecimentos adquiridos por meio da educação — presumindo-se que estes seriam suficientes para iniciar uma carreira bem-sucedida. Com exceção dos profissionais que se dedicavam à vida acadêmica, fazíamos no máximo pequenas pausas para um MBA ou uma pós-graduação, mas, em linhas gerais, a lógica do nosso sistema educacional não mudou muito.

Daqui para a frente, já sabemos que esse modelo não será mais suficiente. O conhecimento que adquirimos hoje pode estar desatualizado amanhã, então vamos ter de aprender para sempre. Além disso, é fundamental considerarmos o aumento significativo na expectativa de vida ao longo dos anos: em 1940, a média de vida no Brasil era de apenas 45 anos. Essa cifra subiu para 70 anos em 2000 e, mais recentemente, alcançou os 75,5.[39] O biólogo e especialista em envelhecimento David Sinclair sugere que, nas próximas décadas, viver até os 100 anos poderá se tornar comum. Diante deste cenário de maior longevidade, a ideia de nos aposentarmos aos 60 e poucos anos parece cada vez menos viável.[40]

Apesar de a tecnologia ter transformado quase todos os aspectos da vida, a imagem de uma sala de aula cem anos atrás é praticamente a mesma de hoje: um professor ensinando os seus vinte a cinquenta alunos sentados em suas carteiras. O modelo predominante no ensino atual, com raízes na Revolução Industrial, ainda é *padronizado*, os alunos aprendem o mesmo conteúdo, que é apresentado para todos na mesma velocidade, independentemente de terem facilidades em diferentes áreas como matemática, português ou educação física. O ensino atual ainda é *passivo* — ou seja: o professor fala, o aluno escuta. Por fim, o ensino ainda está focado em *conteúdo e prova* — quantos de nós decoramos conteúdo sem nunca entendermos bem o porquê de estarmos aprendendo aquilo? Fora algumas exceções, a vasta maioria de nós jamais usará conhecimentos como números imaginários, trigonometria, osmose celular, teorema de Bhaskara, carbonos assimétricos e tantas outras coisas que fomos forçados a aprender na educação básica.

Ainda que precisemos, sim, ensinar conceitos de matemática, física, química, biologia e tantas outras áreas para adquirir uma compreensão de como a natureza opera, o nosso sistema de educação atual parece possuir uma obsessão por avaliar os alunos por meio da sua capacidade de resolver equações cada vez mais complexas, mas cada vez menos relevantes. Conforme exploraremos melhor adiante, esse "vício" parece vir da necessidade de ter um sistema capaz de avaliar os alunos por métricas objetivas, colocando de lado todos os outros tipos de inteligência — como a inteligência emocional — às quais essas métricas são mais difíceis de aplicar. Ao mesmo tempo, deixamos de ensinar a próxima geração sobre educação financeira, equilíbrio emocional, noções básicas de sociedade e política e tantas outras coisas que precisamos aprender de maneira urgente. Em suma, estamos ensinando as coisas erradas.

A MAIORIA DAS ESCOLAS DE HOJE AINDA NOS ENSINA O QUE PENSAR, QUANDO DEVERIA NOS ENSINAR COMO PENSAR.

@michelleschneider
O Profissional do Futuro

Conforme o mundo caminha para um cenário em que as habilidades técnicas serão amplamente dominadas pela IA, faz cada vez menos sentido pautar os nossos sistemas de avaliação pela dobradinha prova/gabarito. Afinal, se existe resposta certa ou errada é porque ela cabe em um algoritmo, e se cabe em um algoritmo, a chance de a IA fazer melhor do que nós é enorme. Entendo que a afirmação pode parecer impactante, mas é preciso aceitar que crianças, estudantes e até nós, adultos, nunca superaremos a Inteligência Artificial em capacidades como memória, resolução de equações matemáticas e químicas, aplicação de fórmulas e decorebas relacionadas a eventos históricos. A maioria das escolas de hoje ainda nos ensina o que pensar, quando deveria nos ensinar como pensar.

Em 2017, já como líder da vertical de educação do LinkedIn, fui ao Vale do Silício a fim de visitar as universidades e escolas mais inovadoras de lá. O objetivo da viagem era nos atualizarmos para onde o mundo da educação estava caminhando. Foi ali que percebi o quanto o mundo estava mudando, e eu, tão focada nas minhas entregas do dia a dia, não estava percebendo.

Três universidades me chamaram especialmente a atenção. A mais disruptiva para mim foi a 42 University, uma universidade revolucionária, gratuita, em que não há livros nem professores. Isso mesmo. A universidade tinha um campus, mas não um corpo docente, e isso já fez a minha cabeça pegar fogo ali mesmo. O foco é formar estudantes interessados em programação e desenvolvimento de software. Durante uma palestra de apresentação, nos informaram que seus fundadores — vindos de startups do setor de tecnologia — queriam revolucionar a educação assim como o Facebook fez com a comunicação na internet e o Airbnb com a hotelaria convencional. Para atingir essa meta, a universidade combina uma forma radical de ensino colaborativo e aprendizagem por projetos. Para colocar o seu projeto de pé, os alunos usam as fontes gratuitas disponíveis na internet e recebem ajuda dos colegas. Todos trabalham lado a lado, em uma sala ampla e com várias fileiras de computadores. Depois, a avaliação é feita por outro colega, escolhido aleatoriamente, e uma Inteligência Artificial valida se o exercício está correto ou não. Se estiver errado, os alunos precisam sentar juntos para encontrar um novo caminho.

Tal como nos jogos de computador, os estudantes vão avançando no curso em níveis, competindo com um mesmo projeto. Costumam levar de três a cinco anos para se formar. Ao concluir o curso, recebem um certificado — nada de diploma tradicional.

Mais legal do que ver a apresentação da executiva da 42 University foi conversar com um aluno brasileiro que estava lá, e que nos mostrou na prática como funcionava o dia a dia da universidade. Lembro-me de pedir para me conectar com ele no LinkedIn ou Facebook. Ele ainda não tinha perfil no LinkedIn, mas, ao abrir o Facebook, o site estava bloqueado. Fiquei intrigada, pensando como uma universidade tão inovadora tinha essa postura de bloquear acesso a certos sites, mas então ele me disse que ele mesmo tinha criado um código para bloquear o Facebook e outros sites que, na visão dele, estavam atrapalhando o seu desenvolvimento. Ele me disse que poderia se formar dali a um período de três a cinco anos e que, ao perceber que estava perdendo muito tempo com "besteiras desse tipo" (palavras dele), resolveu bloquear os sites para se formar mais rápido e entrar mais cedo no mercado. Refleti muito sobre o poder da motivação e liberdade quando vivenciei essa situação. Pensei em inúmeros professores que ficaram no meu pé para eu prestar atenção na aula durante a minha vida toda, e de repente me vejo em uma universidade sem professor, na qual o aluno é mais disciplinado do que eu jamais fui, pois existe um interesse real dele no assunto.

A segunda visita que mais me impactou foi a Singularity University, organização que nasceu da parceria entre Nasa e Google, que fica dentro do centro de pesquisa da Nasa. O foco deles era formar líderes globais capazes de impactar o mundo positivamente, dentro do que eles chamavam de desafios globais grandiosos, que são: aprendizagem, água, segurança alimentar, saúde, energia, ambiente, abrigo, segurança, governança, desastres e riscos globais, espaço e prosperidade. O curso principal — ao menos naquela época — durava dez semanas e, no fim dele, era preciso criar um projeto de inovação dentro de um desses desafios globais, que impactasse a vida de 1 bilhão de pessoas em até dez anos. Nessa visita, eu nunca poderia imaginar que um dia eu seria professora, muito menos de uma escola internacional e tão disruptiva como a Singularity, mas comecei a dar aula lá em 2024 como professora convidada.

A terceira foi a Minerva University, que não tinha campus e, na época, era a universidade mais concorrida do mundo — mais até do que Harvard ou o Massachusetts Institute of Technology (MIT). Durante a graduação, o aluno estuda em sete cidades do mundo (começando por São Francisco, nos Estados Unidos; depois Buenos Aires, na Argentina; Londres, na Inglaterra; Berlim, na Alemanha; Haiderabade, na Índia; Seul, na Coreia do Sul; e Taipei, em Taiwan). O aluno vive em uma residência estudantil com outros colegas, mudando de país a cada seis meses, aprendendo de acordo com os desafios locais, estudando casos e análises de problemas do mundo real. Para a Minerva, aquele era o lugar de quem queria mudar o mundo, pois o objetivo da universidade era formar líderes globais, capazes de resolver desafios mundiais complexos. Tive a oportunidade e honra de conhecer o Ben Nelson, fundador da Minerva, em um evento no qual palestrei no Cazaquistão em 2023, e ele me contou que a universidade foi nomeada a mais inovadora do mundo em 2022 e em 2023 no ranking das Universidades Mundiais com Impacto Real (World's Universities with Real Impact, WURI na sigla em inglês), e que a empregabilidade de seus alunos já supera a das maiores e mais concorridas universidades americanas.[41]

Foi na Minerva que ouvi pela primeira vez que, no futuro, as habilidades comportamentais seriam mais importantes do que as habilidades técnicas, pois a Inteligência Artificial, os robôs e os algoritmos poderiam aprender qualquer habilidade técnica, mas não tão cedo aprenderiam as comportamentais. Aquilo me marcou muito. Anos depois, vi pela primeira vez um estudo do Fórum Econômico Mundial que mostrava as habilidades mais importantes dos profissionais do futuro, e todas elas eram comportamentais. Falaremos mais sobre essas habilidades no tópico "Habilidades do futuro", dentro deste mesmo capítulo.

Estamos agora caminhando para uma oportunidade única de entrar em uma era na qual poderemos ter educação personalizada em massa, na qual a IA vai conhecer as forças e fraquezas de seus alunos e criar tarefas personalizadas para cada um deles. Imagine um professor que sabe a cor favorita do seu filho, o nome do seu bicho de estimação, seu time de futebol, o estilo dele de aprendizagem, seja visual, auditivo ou por meio da leitura. Da mesma forma que hoje as redes sociais e plataformas de busca apresentam um conteúdo diferente para cada pessoa, creio que a educação em algum momento chegará nesse mesmo patamar de segmentação e personalização. Caminhamos para uma era em que os alunos, independentemente de sua localização geográfica ou de seu nível socioeconômico, poderão ter acesso a um "professor particular" virtual para esclarecer dúvidas em tempo real, respeitando o ritmo e estilo de aprendizado de cada um.

Estamos transitando de uma educação baseada em disciplinas e aprendizado passivo para uma abordagem ativa e centrada em projetos. O papel dos professores deve evoluir além de meramente transmitir conteúdo, já amplamente acessível na internet, para promover discussões e reflexões que desenvolvam o pensamento crítico, a criatividade, a alfabetização digital, a inteligência emocional e a habilidade de colaboração. A escola deve, portanto, focar em cultivar qualidades e habilidades que nos diferenciam como seres humanos e que não podem ser replicadas por Inteligências Artificiais, incluindo a autodescoberta, a curiosidade, o manejo de erros e frustrações, a comunicação eficaz, o amor, a empatia e a construção de relações de confiança.

Já parou para pensar que, no futuro — ou talvez já no presente —, um estudante que tira nota baixa em uma prova pode ter um aprendizado mais relevante do que aquele que tira nota máxima? A razão por trás desse ponto contraintuitivo reside no fato de que as informações que levam a uma nota alta com frequência podem ser encontradas na internet ou se tornar desatualizadas rapidamente devido ao ritmo acelerado das mudanças no conhecimento. Por outro lado, o valor educativo de enfrentar dificuldades, sentir frustração e, a partir daí, desenvolver a capacidade de resiliência e persistência para tentar de novo pode ser imensurável. Esse processo de superação e o aprendizado que o acompanha podem, paradoxalmente, oferecer uma riqueza de conhecimento e habilidades para a vida que vão muito além do conteúdo de qualquer avaliação. Se você falhar na prova e aprender a lidar com isso, essa atitude pode ser mais importante para o seu futuro do que tirar nota máxima.

Em um podcast recente, Daniel Castanho, fundador e presidente do conselho de administração da Ânima Educação — um dos maiores grupos educacionais do Brasil —, compartilhou a sua visão sobre o futuro do ensino superior. Ele prevê que, em um futuro não tão distante, as pessoas deixarão de cursar graduações tradicionais como engenharia, administração ou direito, que hoje duram de quatro a cinco anos. Em vez disso, entrarão em uma universidade que oferecerá milhares de competências distintas, e os estudantes criarão as suas próprias trilhas de aprendizado ao longo da vida, adaptando-se às necessidades de cada etapa de suas carreiras e aproveitando as tecnologias disponíveis para auxiliá-los nesse processo contínuo de educação.[42] Acredito bastante na visão dele, discordo apenas na parte da "fidelidade" a uma única instituição. Tendo a acreditar mais que exploraremos uma variedade de cursos de diferentes instituições ao longo da carreira.

Quando eu estava na faculdade, reprovei em um semestre na matéria sociologia, pois recebi nota zero em um trabalho em grupo sobre as carmelitas. O objetivo do trabalho era explorar profundamente a história desse grupo religioso. Para isso, visitamos o mosteiro delas em São Paulo, conversamos pessoalmente, tiramos fotos e mergulhamos em sua rotina. Só que, quando fomos montar o trabalho, ao explicar uma parte teórica sobre quem elas eram, copiamos parte do texto de um site que encontramos no Google — pois nos parecia muito melhor do que o que havíamos escrito. Mas o professor tinha proibido o uso do Google, um detalhe que o nosso grupo ignorou por completo, resultando na nota zero. É curioso perceber que, naquele momento, já havia uma percepção de que o conhecimento disponível na internet poderia nos trazer respostas melhores do que éramos capazes de redigir. Contudo, na época, utilizar essa ferramenta como fonte de informação ainda era algo passível de proibição.

Hoje, muitas escolas tentam proibir os alunos de usar o ChatGPT, o que me remete a essa situação que vivi na faculdade. É claro que, em um primeiro momento, houve grande impacto e medo de os professores serem substituídos, e também medo de os alunos deixarem de criar as suas linhas de raciocínio, já que as respostas chegam prontas. Não posso negar que esse é um medo que também tenho, não só em relação aos alunos, mas a todos nós, como sociedade. Afinal, se temos uma ferramenta com respostas prontas para tudo, como desenvolveremos a capacidade de debater e refletir internamente sobre os problemas até chegarmos, por raciocínio próprio, a uma conclusão? O ato de escrever nada mais é do que o ato de destilar um pensamento até que se torne claro e preciso. Quando deixamos uma máquina escrever por nós, estaríamos atrofiando a nossa própria capacidade de raciocinar?

Porém, entendo que não temos como voltar atrás com uma tecnologia como essa, uma vez que os benefícios são muitos e elas vieram para ficar. Sendo assim, é essencial que os educadores reconheçam e se adaptem à realidade de que os alunos estão utilizando modelos avançados de Inteligência Artificial como o ChatGPT em atividades acadêmicas, e os usarão cada vez mais. Em vez de se concentrarem em detectar e proibir o uso de tais ferramentas, os professores poderiam aceitar essa nova realidade e repensar suas estratégias de avaliação para desafiar os estudantes de maneiras mais significativas e profundas.

Esse fenômeno, por sua vez, não é inédito na educação. Da mesma maneira que a introdução da calculadora transformou o ensino da matemática, levando a um aumento na complexidade dos problemas propostos em sala de aula, podemos esperar uma evolução no ensino com a integração da IA. Se não é mais suficiente o aluno escrever uma redação, pois agora a IA pode fazer isso, precisamos subir a barra. Talvez isso signifique que os professores deverão presumir que o aluno começará, por exemplo, a redação em casa com o ChatGPT, e voltará à escola para, então, sem nenhum sistema de IA, melhorar a redação, criticar, trazer os argumentos contra ou a favor.

Já existem cada vez mais escolas e universidades integrando o ChatGPT em atividades que desenvolvem o aprendizado. A própria Khan Academy — uma universidade pioneira, inteiramente on-line e gratuita — já está desenvolvendo a sua própria IA generativa, chamada de Khanmigo. Ela não dá respostas, e sim feedbacks e sugestões. A ideia é que a IA e os alunos trabalhem juntos para escrever uma redação, por exemplo. Ou seja, o professor dá a tarefa pelo Khanmigo, e os alunos devem trabalhar nela ali mesmo. A tecnologia pode apontar erros e sugerir que o estudante reformule frases e argumentos e, ao fim do processo, os professores podem acessar a transcrição do chat. A IA também pode avaliar a tarefa, informando quantas horas o aluno passou trabalhando naquele texto e quais foram as principais dificuldades, além de sugerir ao professor uma nota para o texto. Claro, algumas pessoas vão dizer: "Mas o que impede um estudante de usar o ChatGPT mesmo assim?". Nesse mundo, se um aluno usa uma IA para escrever a redação e só copia e cola o texto final no Khanmigo, a IA vai dizer ao professor **"não sei de onde veio essa redação, ela só apareceu aqui de repente"**.[43]

Estive recentemente na China e descobri que diversas escolas e universidades chinesas já adotaram tecnologias inovadoras para automatizar tarefas repetitivas, tradicionalmente desempenhadas por professores, tais como correção de provas, chamadas de presença e verificação de lições de casa. Algumas escolas implementaram câmeras equipadas com tecnologia de reconhecimento facial nas salas de aula, que não apenas registram a presença dos estudantes, mas também monitoram o seu nível de atenção durante as aulas por meio de análise facial. Ainda que parte dos exames ainda sejam feitos no papel, ferramentas de Inteligência Artificial são utilizadas para digitalizar as respostas, convertê-las em texto ou fórmulas e, posteriormente, corrigi-las de modo automático. Essa modernização libera os educadores de tarefas administrativas, permitindo-lhes dedicar mais tempo a interações humanas e ao desenvolvimento pessoal dos alunos.[44] Diante dessa nova tecnologia, será que conseguiremos mudar o foco do nosso acúmulo de conhecimento técnico para o desenvolvimento das nossas habilidades sociais, emocionais e humanas?

O pânico gerado pela chegada das IAs Generativas à sala de aula é compreensível. É normal termos receio de tudo o que é novo, especialmente quando desconhecemos o funcionamento e os possíveis impactos da novidade. Muitos decretaram que as IAs iriam "acabar" com a educação, mas, conforme integramos e entendemos essa tecnologia, temos percebido como usá-la a nosso favor, abrindo os olhos para possibilidades que antes sequer considerávamos. Educar as próximas gerações com qualidade, de maneira personalizada e em larga escala é um dos maiores desafios das sociedades modernas. Nesse sentido, no longo prazo, é provável que a IA talvez se revele uma salvadora da educação. Em poucos meses saímos de uma perspectiva de que "IA vai acabar com a educação" para "IA é o futuro da educação".

Empregos do futuro

Se você está lendo este livro, muito provavelmente quer a resposta para uma das perguntas que mais recebo em minhas palestras: "Afinal, quais serão os empregos do futuro?"

Não quero desapontar você, mas infelizmente não tenho uma resposta pronta para isso. E acredito que ninguém tenha. Da mesma forma que vinte anos atrás não sabíamos que hoje existiriam youtubers, tiktokers, desenvolvedores de aplicativo (não existiam aplicativos nem mesmo smartphones em 2005), motoristas de Uber ou jogadores de Free Fire, também não conseguimos determinar com exatidão quais carreiras virão pela frente se tivermos um olhar de longo prazo.

No entanto, olhando para o curto prazo, existem diversos estudos que apontam ao menos para qual direção o mundo do trabalho está caminhando. Um dos meus favoritos é o realizado pelo Fórum Econômico Mundial, chamado "The Future of Jobs" (ou o futuro do trabalho),[45] que é uma pesquisa recorrente sobre as tendências atuais no mercado de trabalho — particularmente em relação à automação e a tecnologias emergentes e suas implicações para o emprego em diversas indústrias. De acordo com a edição mais recente do estudo, de 2025, os empregos do futuro refletirão uma interseção complexa de avanços tecnológicos e desafios ambientais.

Comecemos pelos avanços tecnológicos: cargos como especialista em big data, engenheiro de fintech, especialista em IA e aprendizado de máquina, desenvolvedor de software, especialista em gestão de segurança, especialista em armazenamento de dados, especialista em veículos autônomos e elétricos, designer de UI e UX, especialista em internet das coisas, cientista e analista de dados estão na lista da maior perspectiva de novos empregos gerados nos próximos anos. Podemos perceber que todos esses empregos têm uma característica em comum: requerem habilidades tecnológicas avançadas.

Apesar de falarmos muito sobre tecnologia, à medida que as preocupações globais com as mudanças climáticas e o impacto ambiental se tornam mais urgentes, uma nova era de empregos surge no horizonte, refletindo um mundo que busca equilibrar crescimento econômico com responsabilidade ecológica. As empresas e os negócios estão sendo impulsionados a desenvolver soluções ecologicamente corretas, o que cria uma demanda por profissões que podem sustentar esses valores. Larry Fink, CEO da BlackRock, uma das maiores empresas de gestão de investimentos do mundo, disse em 2023 em sua carta anual que os próximos mil unicórnios serão aqueles que "ajudam o mundo a se descarbonizar e tornar a transi-

“AGORA, TODAS AS PESSOAS DO MUNDO SÃO PROGRAMADORAS. ESSE É O MILAGRE DA IA.”

Jensen Huang

ção energética acessível para todos os consumidores".[46] O futurista Gerd Leonhard diz sempre em suas palestras que **"green is the new digital"**, ou seja, verde é o novo digital.[47] Com isso, profissões como engenheiro ambiental, engenheiro de energia renovável, gestor de sustentabilidade e especialista em conservação da biodiversidade estão em alta demanda, e continuarão a crescer à medida que as empresas buscam se adaptar e se alinhar com os crescentes padrões globais de responsabilidade ambiental.

Vemos, então, que o futuro do trabalho será moldado por uma combinação de avanços tecnológicos e necessidades ambientais. Isso não significa que todos devemos agora correr para migrar (ou começar) a nossa carreira nessas áreas. Os estudos apenas indicam quais cargos terão maior demanda e, provavelmente, oferecerão os melhores salários nos próximos anos, mas é importante lembrar que o mercado muda rapidamente. Um exemplo claro dessa dinâmica são os programadores. Por quase duas décadas, a maioria dos especialistas em fóruns de tecnologia, recursos humanos e lideranças em geral defendeu ser fundamental que os jovens aprendessem a programar — uma habilidade que se traduz em uma das profissões mais lucrativas da atualidade. No entanto, recentemente, Jensen Huang, CEO da NVIDIA, deu um conselho controverso durante o World Government Summit, afirmando que os jovens não deveriam aprender a programar para trabalhar no mercado de tecnologia, já que a Inteligência Artificial fará isso sozinha no futuro: "Nos últimos dez a quinze anos, quase todas as pessoas que se sentam em um palco como este diriam que é vital que os seus filhos aprendam ciência da computação, que todos devem aprender a programar. Na verdade, é quase exatamente o oposto. É nosso trabalho criar tecnologia de computação de modo que ninguém precise programar, e que a linguagem de programação seja humana. Agora, todas as pessoas do mundo são programadoras. Esse é o milagre da IA".[48]

O que mais me chama a atenção, porém, é que muitos de nós não acompanham essas mudanças, nem mesmo percebem que elas estão em curso. Amo perguntar para as crianças e os adolescentes o que desejam ser quando crescer. Entendo que a pergunta pode não ser totalmente apropriada hoje em dia, considerando que a maioria terá várias carreiras ao longo da vida, mas, independentemente disso, adoro conhecer o universo de sonhos e aspirações de cada um. Por esse motivo me chama muito a atenção ver a diferença nas respostas entre crianças e adolescentes. Enquanto os pequenos frequentemente mencionam que querem ser youtubers, gamers, tiktokers, jogadores de futebol ou até mesmo astronautas, os adolescentes tendem a se inclinar para carreiras mais "tradicionais" como médicos, advogados, psicólogos, administradores ou enfermeiros (e esses são os cinco cursos mais concorridos do Brasil segundo o MEC).[49] Parece que, conforme crescemos, as expectativas externas começam a moldar os nossos sonhos, conduzindo-nos em direção a opções que prometem estabilidade e segurança.

Até aí, tudo bem. É natural que, ao longo do tempo, a gente ajuste as nossas aspirações à realidade. Compreendemos, por exemplo, que só amar jogar futebol não nos tornará jogadores profissionais. Mas o que realmente mexe comigo é notar que a maioria dos adolescentes ainda não está sintonizada com as profissões do futuro. É muito raro ouvir um jovem se entusiasmar sobre o mundo da Inteligência Artificial, machine learning, engenharia da computação ou sustentabilidade. Naturalmente, somos inclinados a seguir caminhos já trilhados e comprovados. Afinal, quantos de nós conhecemos profissionais de IA, realidade aumentada ou gamificação? A familiaridade com esses campos ainda é restrita, o que pode limitar a quantidade de jovens visualizando tais carreiras.

No entanto, tal desconexão também reflete uma lacuna mais ampla na sociedade, particularmente entre os adultos responsáveis por orientar e educar as novas gerações. Muitas vezes, os próprios adultos podem não estar plenamente conscientes das oportunidades emergentes nessas áreas inovadoras ou da importância de discuti-las. Se os adultos não procuram ou valorizam as carreiras futuras, como podemos esperar que os jovens se sintam inspirados a explorá-las? Aqui reside uma responsabilidade social significativa, especialmente para pais e educadores, de trazer essas conversas para dentro de casa e para as salas de aula. Não se trata de forçar escolhas, mas de ampliar horizontes, apresentando aos jovens o mundo repleto de possibilidades que o futuro reserva. Ao fazê-lo, podemos inspirar a próxima geração a não apenas sonhar com as profissões do futuro, mas a se ver como protagonista nessas áreas, contribuindo para um mundo em constante evolução.

Habilidades do futuro

A pergunta que você deve estar se fazendo agora é: "Ok, Michelle, entendi que o mundo mudou e que vai mudar ainda mais, mas como me preparo? Que tipo de habilidades preciso desenvolver para sobreviver e me destacar nessa nova era?". Se não sabemos ao certo quais serão os empregos daqui a vinte anos, também não temos como dizer exatamente de quais habilidades vamos precisar. Porém, da mesma forma que os estudos trazem uma perspectiva dos empregos que estão por vir, também nos dão pistas de algumas habilidades cruciais para a próxima década.

Quando recebi o convite para a palestra em que falaria sobre o profissional do futuro no TEDx, em 2018, comecei as minhas pesquisas a partir desse mesmo estudo do Fórum Econômico Mundial chamado "The Future of Jobs",[50] que vimos no tópico anterior. O WEF desempenha um papel crucial ao identificar as habilidades mais valiosas no mercado de trabalho, fornecendo análises periódicas que servem como guias essenciais para entendermos e nos prepararmos para os próximos anos. Em 2018, esta era a lista do que o estudo julgava ser as habilidades mais importantes para os profissionais:[51]

1. Resolução de problemas complexos;
2. Pensamento crítico;
3. Criatividade;
4. Liderança e gestão de pessoas;
5. Trabalho em equipe;
6. Inteligência emocional;
7. Julgamento e tomada de decisões;
8. Orientação a serviço;
9. Negociação;
10. Flexibilidade cognitiva.

Ao lê-las, percebi que 100% das habilidades em alta eram comportamentais e não técnicas, e me lembrei da minha visita à Universidade Minerva no ano anterior. Os americanos usam muito essa terminologia: hard skills e soft skills. Explico: as habilidades técnicas (hard skills) se referem a capacidades específicas, como falar inglês, programar em Python, tocar violão, cozinhar, mixar uma música etc. São habilidades que você pode estudar, aprender e, geralmente, medir. Por exemplo, ou você sabe como resolver uma equação matemática ou não. As hard skills são frequentemente usadas como critérios para contratação, promoções ou outras decisões de emprego, e são essenciais para realizar tarefas específicas em um trabalho ou projeto.

Agora, pense em coisas como trabalhar bem em equipe, saber ouvir os outros, ser resiliente ou ter empatia. Essas são as soft skills, muitas vezes chamadas também de habilidades interpessoais, e estão mais relacionadas à forma como você interage com outras pessoas e como lida com situações do dia a dia. Não são tão fáceis de medir, mas são superimportantes no trabalho e na vida em geral. As soft skills são cruciais para construir relacionamentos no local de trabalho, colaborar em projetos e liderar equipes. Em muitos casos, empregadores valorizam soft skills tão altamente quanto, ou até mais do que as hard skills, porque elas determinam a capacidade de uma pessoa de se adaptar e trabalhar bem em diferentes ambientes e situações.

Enquanto as hard skills podem abrir portas para entrevistas de emprego ou oportunidades de carreira, são as soft skills que muitas vezes determinam quão bem-sucedido você será em um papel ou em um ambiente de equipe. E, em um mercado de trabalho cada vez mais competitivo, possuir uma combinação de ambas é vital.

Mas, voltando ao estudo, vimos que, em 2018, as habilidades mais valorizadas giravam em torno da capacidade de resolver problemas complexos, pensar criticamente e ser criativo. Este era o alicerce para um mercado de trabalho que começava a sentir o impacto da Quarta Revolução Industrial. Empresas valorizavam indivíduos que poderiam navegar no complexo ecossistema de automação e interconectividade.

No início de 2025, o WEF lançou uma versão atualizada do estudo e tive uma grande surpresa ao ver que, mesmo em um período tão curto (apenas sete anos), essas habilidades haviam mudado tanto.[52] Das publicadas em 2018, apenas duas seguiram na lista em 2025: criatividade (pensamento criativo) e liderança.

1. Pensamento analítico;
2. Resiliência, flexibilidade e agilidade;
3. Liderança e influência social;
4. Pensamento criativo;
5. Motivação e autoconhecimento;
6. Letramento tecnológico;
7. Empatia e escuta ativa;
8. Curiosidade e aprendizagem contínua;
9. Gestão de talentos;
10. Orientação para serviço e atendimento ao cliente.

A lista de habilidades para 2025 ilustra uma evolução em direção a um foco maior em adaptabilidade, autoconhecimento e habilidades tecnológicas, indicando também maior integração da tecnologia no trabalho cotidiano. Se em 2018 tínhamos apenas habilidades comportamentais (soft skills) na lista, em 2025 isso não é mais uma realidade, mesmo que elas ainda representem a grande maioria.

Vou abordar brevemente as habilidades que mais me chamaram a atenção nesta lista e, nos capítulos seguintes, exploraremos cada uma delas em detalhe, considerando suas implicações para nos desenvolvermos como profissionais do futuro.

Pensamento criativo, curiosidade e aprendizado contínuo estão tão interligados que decidi consolidá-los em um único capítulo, que intitulei de "Mente inovadora" (capítulo 3). A meu ver, nossa curiosidade alimenta o desejo incessante de aprender e, à medida que adquirimos mais conhecimento, expandimos significativamente nossa capacidade de pensar de forma criativa. Acredito que essa combinação de habilidades será um diferencial crucial no futuro.

Outro foco essencial, e uma das minhas grandes apostas a respeito de onde deveríamos investir parte do nosso tempo, é o desenvolvimento do nosso *letramento tecnológico*, uma habilidade técnica que entrou pela primeira vez na lista das mais relevantes em 2023 e continua firme em 2025. O letramento tecnológico, que discutiremos a fundo no capítulo 4, vai além do uso básico de tecnologias, abrangendo uma compreensão profunda de ferramentas avançadas como a Inteligência Artificial, essencial para resolver problemas e impulsionar a inovação.

A *liderança e a influência social* também são habilidades que merecem atenção especial, refletindo a necessidade crescente de impactar e liderar em um mundo interconectado. No capítulo 4, examinaremos como essas capacidades transcendem a persuasão e se estendem à inspiração e mobilização de grupos em direção a objetivos comuns, essenciais em qualquer nível organizacional.

Habilidades como *motivação*, *autoconhecimento*, *empatia* e *escuta ativa* ganharam destaque, refletindo a necessidade de adaptabilidade em um ambiente de trabalho em constante mudança. Todas essas características estão sob um guarda-chuva maior, que denomino *inteligência emocional*, tema sobre o qual falaremos no capítulo 5.

Por fim, a necessidade de cuidarmos da mente e do corpo e de focarmos no desenvolvimento pessoal se impõe como pilar-chave dentro desse novo mundo profissional. No capítulo 6, vamos contemplar *resiliência*, *flexibilidade* e *agilidade*, focando aquilo que, para mim, será a chave para qualquer profissional do futuro: a *saúde mental*. Afinal, como diz o futurista Luiz Candreva: "O futuro pertence àqueles que sabem navegar no caos e se sentem confortáveis nele".[53]

Voltando ao estudo do WEF: ele traz não apenas as habilidades mais relevantes para o presente, mas também projeta quais serão as habilidades em maior ascensão nos próximos cinco anos. Para 2030, estas são as previsões que delineiam o futuro próximo das competências profissionais.

1. Inteligência artificial & big data;
2. Redes e segurança cibernética;
3. Letramento tecnológico;
4. Pensamento criativo;
5. Resiliência, flexibilidade, agilidade;
6. Curiosidade e aprendizagem contínua;
7. Liderança e influência social;
8. Gestão de talentos;
9. Pensamento analítico;
10. Responsabilidade ambiental.

Entre elas, IA e big data lideram a lista das habilidades de crescimento mais rápido, seguidas de perto por redes e segurança cibernética e letramento tecnológico. Complementando essas habilidades tecnológicas, o pensamento criativo e três atitudes socioemocionais — resiliência, flexibilidade e agilidade, juntamente com curiosidade e aprendizado ao longo da vida — também são vistas como crescendo em importância.

Ainda estão entre as dez principais habilidades em ascensão: liderança e influência social, gestão de talentos, pensamento analítico e responsabilidade ambiental. Essas habilidades destacam a necessidade de trabalhadores que possam liderar equipes, gerenciar talentos de forma eficaz e adaptar-se a sustentabilidade e transições verdes em um mundo cada vez mais complexo e interconectado.

Embora o estudo do WEF ofereça um guia para melhor nos prepararmos para um mercado de trabalho em constante evolução, acredito que a pergunta essencial seja: "Como me preparo para o futuro?". E ela não pode ser respondida com uma fórmula predeterminada. Ao contrário, exige uma curiosidade insaciável, dedicação ao desenvolvimento contínuo de habilidades comportamentais e técnicas, além de compromisso com o autoconhecimento e a resiliência. Acredito que o diferencial esteja na capacidade de combinar essas competências técnicas com habilidades interpessoais robustas — as soft skills —, que nos permitem trabalhar de maneira eficaz em equipe, liderar com empatia e influenciar positivamente aqueles ao nosso redor.

Assim, nos próximos capítulos deste livro me dedico a explorar em detalhes cada uma das habilidades que considero cruciais para o nosso desenvolvimento como profissionais do futuro. Tenha em mente que, assim como comentei antes, não existe uma única solução. A chave está na maneira como você, pessoalmente, escolhe desenvolver e harmonizar as habilidades que mais combinam com a sua jornada e seus objetivos profissionais.

Comparativo das habilidades mais relevantes de 2018 a 2030

2018	2025	2030
Resolução de Problemas Complexos	Pensamento Analítico	IA e Big Data
Pensamento Crítico	Resiliência, Flexibilidade e Agilidade	Redes e Segurança Cibernética
Criatividade	Liderança e Influência Social	Letramento Tecnológico
Liderança e Gestão de Pessoas	Pensamento Criativo	Pensamento Criativo
Trabalho em Equipe	Motivação e Autoconhecimento	Resiliência, Flexibilidade e Agilidade
Inteligência Emocional	Letramento Tecnológico	Curiosidade e Aprendizado ao Longo da Vida
Julgamento e Tomada de Decisões	Empatia e Escuta Ativa	Liderança e Influência Social
Orientação a Serviço	Curiosidade e Aprendizado ao Longo da Vida	Gestão de Talentos
Negociação	Gestão de Talentos	Pensamento Analítico
Flexibilidade Cognitiva	Orientação para Serviço e Atendimento ao Cliente	Responsabilidade Ambiental

3

COMO NOS PREPARAMOS?

CAPÍTULO 3 — MENTE INOVADORA: PENSAMENTO CRIATIVO, CURIOSIDADE E APRENDIZADO CONTÍNUO

Aprender. Desaprender. Reaprender.

Nasci em Campinas, no interior de São Paulo. Sempre que ia da minha cidade até a capital, quando entrava na Marginal e via aqueles outdoors enormes, superdescolados e diferentes (isso antes da Lei da Cidade Limpa proibir outdoors em São Paulo), meu olho brilhava. Ver esse tipo de propaganda me fascinava, e foi assim que decidi fazer publicidade: enfiei na cabeça que queria trabalhar em agências, criando campanhas publicitárias. No fim, acabei nunca trabalhando em agência e menos ainda com criação, mas lembro-me de que, durante o curso, uma das matérias ensinadas era mídia.

Na época, em 2006, um planejamento de mídia envolvia rádio, TV, jornal, revista e outdoor. Não existiam redes sociais como Instagram ou TikTok, o Facebook tinha apenas 12 milhões de usuários no mundo (em 2024, eram 3,05 bilhões[54]) e o YouTube tinha apenas 20 milhões de usuários (em 2024, eram 2,49 bilhões[55]). Essas plataformas ainda não faziam parte dos planos de mídia das campanhas publicitárias no Brasil.

Em 2013, entrei no LinkedIn com a função de vender mídia na plataforma. Fazer um plano de mídia agora envolvia uma complexidade muito diferente do que tinha aprendido menos de uma década antes. Com a chegada e o aprimoramento das redes sociais, portais, mídia programática e ferramentas de busca, existia um número muito maior de possibilidades, com diversos detalhes que traziam para todo esse processo uma dificuldade muito maior do que aquela que eu havia aprendido na faculdade. Ou seja, o que eu havia aprendido há menos de dez anos já ficara obsoleto. Todo aquele conhecimento técnico ficou para trás, varrido do mapa pelas novidades que as tecnologias digitais trouxeram para o mundo da publicidade. Porém, por mais complexo que pudesse parecer na época, as estratégias de mídia ainda estavam engatinhando no mundo das redes sociais e do marketing digital.

De 2013 até hoje, tudo mudou novamente. Mensuração, criativos, segmentação, plataformas de martech... Os modelos de atribuição de cada rede se tornaram infinitamente mais complexos, mas também trouxeram aos anunciantes uma performance jamais vista nas campanhas. Se quando me formei o marketeiro precisava ser comunicativo e criativo, o de hoje precisa ter, além disso, perfil analítico para analisar um mundo de dados de complexidade sem igual.

Poderia ficar horas falando sobre essa nostalgia de como o mundo era diferente. Lembra-se de que, não muito tempo atrás, se você quisesse um delivery precisava ter o telefone fixo do seu lugar preferido (que você normalmente encontrava naquela gaveta em que todos os folhetos iam parar ou em ímãs de geladeira)? Você fazia o pedido e tinha de avisar se precisava de troco, afinal, ainda usávamos dinheiro físico (ainda existia nota de 1 real!). Hoje, você abre um app, escolhe entre um universo de restaurantes já catalogados e avaliados, paga pelo próprio aplicativo e depois ainda avalia se gostou ou não. Outro exemplo acontecia quando íamos à locadora alugar um filme (saudades). Às vezes, precisávamos disputar a última fita ou DVD com alguém, porque todas as cópias já estavam alugadas. E se nos esquecêssemos de rebobinar a fita, pagávamos uma multa.

Ano passado mudei de casa e contratei a internet a partir de um chatbot, pelo WhatsApp. O processo inteiro, que não durou nem dois minutos, ocorreu sem que eu interagisse com um humano. Fiquei chocada com a eficácia, a velocidade e a simplicidade. Curiosamente, quando quis cancelar o meu plano, a operadora só faltou pedir que eu enviasse um telegrama.

Por fim, um último exemplo para não nos alongarmos é o dos motoristas de táxi. Menos de dez anos atrás, milhares de protestos de motoristas de táxi contra o Uber e aplicativos do tipo aconteceram no mundo todo. Hoje, ironicamente, são os motoristas de aplicativos em São Francisco, Califórnia, que se encontram em pé de guerra. O motivo? O avanço acelerado dos serviços de táxis autônomos, uma realidade cada vez mais presente na cidade. Esses motoristas veem nos veículos sem condutor uma concorrência desleal.[56] Somadas, as frotas das duas principais empresas do segmento já colocam mais de 1.400 veículos nas ruas todos os dias.[57] O que está acontecendo em São Francisco não é apenas uma mudança local, mas um prenúncio do que pode estar por vir em âmbito global. Em 2024 participei de uma imersão de inovação na China, em que tive a experiência de andar em um carro autônomo da Baidu. Sentir o veículo navegando pela cidade de forma inteligente e independente foi absolutamente fascinante, mas despertou em mim uma mistura de empolgação e medo. Empolgação por me sentir um passo mais próxima do futuro. Medo pelos milhões de motoristas e entregadores que, eventualmente, poderão perder seus empregos para tais veículos autônomos. Se a tendência fosse replicada no Brasil, por exemplo, os cerca de 1,6 milhão de motoristas de aplicativos ativos no país[58] poderiam estar ameaçados de maneira significativa.

Observe como os exemplos acima mudaram — e ainda prometem mudar — profundamente a dinâmica de restaurantes, locadoras de vídeo, empresas de telefonia, taxistas e motoboys. Analisando carreira a carreira, você consegue pensar em quais mudanças a sua profissão teve nos últimos anos? E quais transformações imagina que ela vai sofrer? Com a velocidade da mudança, percebemos que cada vez mais é primordial não apenas retermos o conhecimento, mas sermos capazes de aprender e reaprender. Inclusive, mais importante do que compreendermos as informações, será a nossa capacidade constante de aprendizado.

O futurista Alvin Toffler já defendia essa visão desde a década de 1970. Ele tem uma frase clássica, ainda muito usada nos dias de hoje: **"O analfabeto do século XXI não será aquele que não consegue ler e escrever, mas aquele que não consegue aprender, desaprender e reaprender".**[59] E essa responsabilidade de aprender é *nossa*. Não dá para depositá-la na mão do chefe, da empresa ou de uma instituição de ensino. Todas as ferramentas estão disponíveis na palma das nossas mãos, literalmente. Hoje existem diversas empresas de cursos on-line, muitos deles gratuitos. No YouTube ou até mesmo no TikTok encontramos tutoriais de qualquer assunto que possamos imaginar.

Vale dizer também que essa habilidade não deve ser usada apenas na frente profissional, mas também na pessoal, em atividades que nos dão prazer. O melhor é desenvolver essa "capacidade de absorção" com coisas que fazem sentido para você e, principalmente, ser um curador de quais informações quer absorver. Já parou para pensar quando foi a última vez que você se propôs a aprender algo novo?

Nossa capacidade de aprender é como um músculo: quanto mais você exercita, mais ele cresce. E quando analiso essa capacidade, percebo que, sem querer, fiz isso involuntariamente a minha vida inteira. Sou uma pessoa que ama o novo e sempre gostei de aprender coisas novas. Quando entrei no mercado de trabalho, passei pelas áreas de recursos humanos, vendas e marketing, trabalhando em empresas de produtos, serviços e consultorias até chegar às empresas de tecnologia, pelas quais me apaixonei e onde me especializei e vim me desenvolvendo nos últimos dez anos da carreira.

Com o esporte foi a mesma coisa. Fiz natação, vôlei, futebol, ballet, jazz, tênis, corrida, wakeboard, snowboard, e a minha nova paixão é o kitesurf. Sem querer, fui exercitando esse músculo da aprendizagem de esporte desde muito nova, então aprender um esporte novo é relativamente fácil para mim, pois já pratiquei esse exercício muitas vezes. Isso vale para tudo na vida. Quanto mais códigos de programação um programador conhece, mais fácil fica aprender o próximo. Quanto mais idiomas uma pessoa fala, mais fácil fica aprender o próximo. Quanto mais amplos os nossos campos de experiências diversas, mais fácil aprender algo completamente novo. Ou seja, devemos estimular o cérebro com novas motivações, assim exercitamos esse músculo e abrimos espaço dentro da gente para absorver assuntos inéditos. Claro, sempre com cuidado para não sobrecarregar esses músculos e dar uma pane no sistema.

Estamos saindo de uma era na qual se exigia profissionais superespecialistas, e temos valorizado cada vez mais profissionais generalistas. Afinal, imagine que você soube fazer muito bem uma única coisa a vida toda, e de repente surge uma tecnologia que passa a fazer isso melhor do que você. Em muitos cenários, uma combinação de ambos — ser "generalista" em algumas áreas e "especialista" em outras — pode ser o ideal. Esta abordagem é frequentemente chamada de "especialista em forma de T" (profissional T-shaped), em que a parte superior do "T" representa a amplitude de conhecimento e a parte vertical representa a profundidade em uma ou mais áreas específicas.[60] Os profissionais que não tiverem exercitado essa capacidade de aprender e forem substituídos por máquinas podem ter dificuldade muito maior em se reinventar do que os que estão sempre dispostos a aprender algo novo.

A importância do aprendizado contínuo é nítida, mas uma coisa é falar e outra é pôr em prática. Em um mundo no qual o tempo é cada vez mais escasso, no qual as nossas agendas estão cada vez mais lotadas, o desafio é de que forma fazer isso de maneira contínua, integrando a aprendizagem ao dia a dia.

Adoro uma analogia que li no livro *Para os seus próximos mil anos* do Ricardo Cavallini: imagine que no último ano você foi sedentário, não treinou, não se exercitou e, quando se deu conta disso, resolveu tirar duas semanas de licença para treinar todos os dias, doze horas por dia. Isso vai resolver o problema do sedentarismo? Sabemos que não. Treinar loucamente uma semana não vai compensar o fato de ter sido sedentário o ano todo, pelo contrário, tem grande chance de causar problemas físicos. O corpo não será capaz de absorver tudo. Com aprendizado é a mesma coisa. As coisas mudam tão rápido que não basta você fazer um curso esporádico para resolver isso. O que você aprendeu hoje? O que aprendeu esta semana? O que aprendeu este mês? O que aprendeu este semestre? Pense com calma e responda mentalmente. Se você se faz essa pergunta apenas uma vez por ano ou nem isso, esteja ciente de que você já está ficando para trás.

Quer dizer que você tem de aprender algo novo *todo dia*? Não, mas siga a analogia do exercício físico. O que você faz quando exagera na comida no fim de semana? Você dá uma maneirada na alimentação durante a semana ou carrega um pouco mais nos exercícios físicos. Este mês foi muito corrido? Como compensar o aprendizado no próximo? Lembre-se: a ideia não é surtar. Entendo que continuamos tendo as mesmas 24 horas por dia e que o dia de todos é corrido, mas é crucial sabermos priorizar o que é realmente importante. Vocês sabiam que nós, brasileiros, ocupamos o terceiro lugar no ranking das populações que passam mais tempo nas redes sociais, com o tempo médio de 3 horas e 37 minutos por dia? Desse tempo, quanto reflete mesmo algo que nos engrandece?

Por último, é importante entendermos também qual é a nossa forma de aprender. Todo mundo sabe que academia não é a única opção. Você pode fazer natação, jogar futebol com os amigos, correr na rua, fazer aulas de dança, uma arte marcial, comprar uma esteira ou bicicleta para fazer em casa... Os formatos e tipos variam bastante.

Com ou sem instrutor, sozinho ou em grupo, um esporte ou apenas exercícios... Você pode aprender com livros, com vídeos na internet, em congressos, em viagens, com cursos curtos ou de longa duração, presenciais ou a distância. Com ou sem professor. Com amigos ou desconhecidos. Uma mistura disso tudo. Você vai descobrir para o que tem facilidade, o que agrada mais e o que funciona para você. A escolha vai depender de gosto, facilidade, possibilidades e relação custo-benefício. Mas o que importa é não parar de aprender.

O que não está no seu perfil do LinkedIn?

Alguns anos atrás eu estava na ponte aérea voltando do Rio de Janeiro para São Paulo em uma semana particularmente difícil. Era uma época em que eu não me alimentava bem, não dormia bem e passava por uma das fases mais desafiadoras da minha vida profissional.

Quando entrei no avião e me sentei, fiz o óbvio: abri o computador para trabalhar. Logo a aeromoça veio me pedir para fechar, pois eu estava na saída de emergência e não era permitido o uso de computadores ali. Tentei mudar de assento, mas o voo estava lotado. Como de costume, já estava pronta para colocar o meu fone de ouvido quando escutei a seguinte frase: "Por que você não aproveita esses quarenta minutos para você? Eles não vão mudar nada na sua vida".

Virei e me deparei com um homem simpático, que sorriu e continuou dizendo: "Sabe que já mudei do Brasil faz um tempo, mas me assusto a cada vez que venho para cá, vejo as pessoas trabalhando e vivendo nesse ritmo, e percebo que eu vivia exatamente assim". Fiquei envergonhada, tentei mudar de assunto, mas logo ele me perguntou: "E o computador, hein?! O que tem nele de tão importante?". Contei, toda orgulhosa, que trabalhava no LinkedIn. Então ele me perguntou se eu conhecia o Osvaldo. O Osvaldo era nosso CEO na época. Disse: "Claro, conheço. De onde você o conhece?". E a sua resposta foi: "Vim desse mercado. Fui o primeiro executivo do Google e do Facebook no Brasil".

Travei. Em um milésimo de segundo, mil conexões passaram pela minha cabeça: pessoas, frases, notícias. Eu sabia quem ele era, óbvio! Era o Alexandre Hohagen. Ele foi o primeiro CEO do Google e do Facebook no Brasil. Esse cara era uma referência para mim. Mesmo superempolgada, naquele momento contive a surpresa, agi "naturalmente" e disse, bem casual: "Ah, você é o Alexandre Hohagen?". E ele respondeu: "Sou".

No fim, o fato de eu não o ter reconhecido antes me deixou mais à vontade para ser eu mesma — pelo menos até aquele momento. Falamos sobre diversos assuntos: startups, empreendedorismo, projetos sociais, Google, Facebook, Instagram. O papo foi tão bom que pareceu que tínhamos assunto daqui até a Europa, mas quando dei por mim já estávamos pousando. Então pensei: "O que eu poderia perguntar para esse cara que, de alguma forma, poderia impactar a minha carreira?". Criei coragem e disse: "O que você olha antes de contratar alguém?" — entendendo que ele deveria ter contratado um time muito bom para essas empresas estarem onde estão hoje.

Ele me disse que primeiro analisava quatro características que faziam parte do processo seletivo do Google. Anos depois, entrei no Google, passei por esse mesmo filtro e fiz o treinamento de entrevistas para entender como avaliar cada uma dessas habilidades. Elas são:

- → Habilidade relacionada ao cargo: competências técnicas específicas que um candidato possui e que são diretamente relevantes para a posição à qual ele está se candidatando;
- → Capacidade analítica: habilidade de coletar, interpretar, visualizar e sintetizar informações de maneira lógica e estruturada. Indivíduos com forte capacidade analítica geralmente são capazes de identificar padrões, resolver problemas complexos e tomar decisões com base em dados e evidências.
- → Adequação cultural: quão bem o candidato se alinha com os valores, crenças e comportamentos predominantes da organização. Isso não diz respeito apenas a habilidades técnicas, mas também a características comportamentais, como ser colaborativo, ter uma atitude positiva e a capacidade de trabalhar bem em equipe.
- → Liderança: vai além da capacidade de gerenciar ou comandar uma equipe. Trata-se da habilidade de inspirar, motivar e influenciar de maneira positiva os outros, in-

SE VOU CONTRATAR ALGUÉM, QUERO SABER SE ESSA PESSOA TEM PAIXÕES, QUAIS SÃO OS SEUS INTERESSES, QUEM ELA É FORA DO ESCRITÓRIO. ISSO ME DIZ ALGO QUE UM CURRÍCULO RECHEADO DE TÍTULOS, ESPECIALIZAÇÕES E HABILIDADES TÉCNICAS JAMAIS PODERÁ DIZER.

@michelleschneider
O Profissional do Futuro

dependentemente da posição hierárquica. Mesmo aqueles que não ocupam cargos de gestão podem exercer liderança por meio de suas ações, palavras e atitudes, agindo como modelos de referência e incentivando a excelência em seu entorno.

Apesar de ele seguir esse processo de avaliação estabelecido pelo Google, ele me disse que tinha uma 5ª característica que ele analisava, e que era decisiva no processo seletivo para ele: entender quem era aquela pessoa fora do ambiente de trabalho. Ele me contou sobre quando contratou uma pessoa para a área financeira do Google, que disse para ele que era um palhaço fora do escritório, e aquilo tinha chamado muito sua atenção, uma vez que a maioria das pessoas que trabalham na área financeira costumam ter um perfil mais sério e analítico. (Anos depois, recebi um inbox dessa pessoa. Ele viu a minha palestra no TEDx e veio me contar que era esse palhaço. Hoje, continua no Google e é diretor financeiro lá.)

Contei que no LinkedIn tínhamos uma reunião todo mês em que os novos funcionários tinham de se apresentar e contar algo que não estava no LinkedIn deles. Era uma forma parecida de descobrir essa característica. Já na fila do táxi, nos despedindo, Alexandre me perguntou: "E você, Michelle, o que não está no seu perfil do LinkedIn?". Fiquei um pouco sem graça, não sabia bem o que falar, e acabei contando sobre um hobby novo que eu tinha na época: estava aprendendo a ser DJ. É engraçado pensar nisso, porque só dei essa resposta pois não pensei em nada melhor, mas respondi com certo receio de que isso poderia "pegar mal" para a minha imagem como executiva de carreira corporativa. O que não podia imaginar é que ele ia virar superempolgado e dizer: "Mentira! Eu também sou DJ!".

Foi nesse dia que entendi que a pluralidade não só era uma possibilidade, mas também um diferencial. Esse encontro com o Hohagen mudou completamente a maneira como procuro profissionais hoje. Se vou contratar alguém, quero saber se essa pessoa tem paixões, quais são os seus interesses, quem ela é fora do escritório. Isso me diz algo sobre a capacidade profissional dela, algo que um currículo recheado de títulos, especializações e habilidades técnicas jamais poderá dizer.

E você, leitor? Quem é você fora do seu LinkedIn?

Ainda sobre a história de aprender a ser DJ: é curioso, porque ser DJ nunca foi um sonho, tampouco esteve nos meus planos. Eu era executiva de vendas no LinkedIn e dois amigos de trabalho eram DJs nas horas vagas. E eu, que sempre amei música, adorava dar palpite nos sets deles, sem imaginar como isso poderia ser intrusivo — uma lição que só aprenderia mais tarde, quando as mesas virassem.

Em 2013, durante uma viagem para uma convenção de vendas em São Francisco, vi os dois tocarem em uma festa da empresa para 2 mil pessoas. Eles arrasaram, a galera se divertiu até não poder mais, e a performance foi tão energética que algo dentro de mim acendeu. Fui tomada por uma curiosidade irresistível: como seria estar naquele palco, controlando não apenas as faixas, mas a energia de uma multidão? Impulsionada por essa curiosidade e por um tanto de audácia, quando eles desceram do palco perguntei na maior cara de pau se eu poderia tocar com eles na convenção do ano seguinte. A surpresa foi evidente em seus rostos. "Você sabe tocar?", perguntaram. "Não, mas eu aprendo" foi a minha resposta imediata, movida mais pela paixão do momento do que por um plano concreto. Se eles, que equilibravam carreiras em vendas e a vida de DJs, podiam fazer aquilo, por que não eu? Assim começou a minha aventura no mundo da música: não como a realização de um sonho de infância, mas como um desafio pessoal. Eu não aspirava a uma carreira de DJ; queria, naquele momento, apenas sentir a emoção de tocar para uma grande festa. Era uma meta simples, mas que se revelaria uma porta de entrada para um mundo novo.

Quando voltamos para o Brasil e para a rotina de bater metas — algo que quem trabalha na área de vendas conhece bem —, esqueci por completo essa vontade. Só quando o convite da conferência do ano seguinte chegou — naquele ano o evento seria em Las Vegas — é que me lembrei e fui correndo à casa desse amigo, chamado Christian Spong, a fim de aprender a mixar.

Logo apareceu um evento do trabalho e eu toquei com eles. Mas, para ser sincera, nessa primeira vez tudo o que fiz foi escolher as músicas e levantar as mãos — a mixagem ficou por conta deles. Por coincidência (ou como um empurrãozinho do universo), depois do evento alguém postou uma foto desse momento e me marcou no Facebook. Pouco depois umas amigas me ligaram espantadas por não saberem que eu era DJ e me perguntaram se eu não podia tocar em um desfile que elas estavam organizando com várias influencers. Respondi — na maior cara de pau — que poderia, sim. E foi assim que comecei a trabalhar como DJ nas horas vagas.

Eu me sentia preparada para tocar sozinha em um evento? Absolutamente, não! No entanto, tenho uma filosofia pessoal que sempre guiou minhas decisões: diante de uma oportunidade ou um desafio que faça brilhar os meus olhos, primeiro eu aceito, e depois descubro como vou entregar. Essa postura de encarar desafios de frente não apenas moldou a minha trajetória como DJ, como também se revelou fundamental na minha carreira corporativa. Essa coragem de mergulhar no desconhecido e a habilidade de adaptar-se com rapidez são qualidades indispensáveis para o profissional do futuro, tema que exploraremos ao longo deste livro.

Peguei o equipamento do Chris emprestado, dediquei algumas noites para treinar em casa e me joguei no evento. Lá, outros conhecidos me viram atuar e me convidaram para mais eventos. Em poucos meses, esse novo hobby não só me rendeu um convite para integrar uma agência de DJs, mas também se transformou em uma segunda fonte de renda. Ser DJ me levou a diversos países, ampliando a minha experiência cultural e enriquecendo a minha rede de contatos. Conheci pessoas incríveis e vivenciei mundos diferentes, o que fortaleceu a minha capacidade de processar novos estímulos e exercitar a intuição e a criatividade. Essas experiências contribuíram imensamente para a minha formação como profissional plural, capaz de navegar e se adaptar a múltiplas realidades, fortalecendo um perfil cada vez mais necessário no mercado de trabalho atual.

Outra oportunidade que surgiu sem planejamento e que já contei aqui foi o convite para palestrar no TEDx. Já tinha dado dezenas de palestras representando as empresas em que trabalhara, mas essa foi a primeira vez que montei uma palestra totalmente *minha*. Tive muito medo de não ser boa o suficiente e de me expor de maneira negativa, mas encarei o desafio e isso me tirou muito da zona de conforto. É muito doido refletir sobre isso, porque pensava que não queria fazer feio para as duzentas pessoas que estariam lá no dia do evento e, na minha cabeça, para as 5 ou 10 mil pessoas que eu achava que assistiriam à minha palestra no YouTube. Não podia sonhar que a palestra seria um dos TEDx brasileiros mais vistos, com mais de 3 milhões de visualizações até 2024, tampouco poderia imaginar a quantidade de portas que ela abriria na minha vida, bem como o convite para uma palestra em um evento com ganhadores do prêmio Nobel, no Cazaquistão, além de entrevistas na mídia e o convite para escrever este livro que você está lendo agora.

Livro este que é ainda outro exemplo do que estou querendo dizer. Recebi em 2022 um inbox no LinkedIn de uma editora me dizendo que tinha assistido à palestra no TEDx e que queria falar comigo sobre o projeto de um livro sobre o tema. A minha primeira reação foi dizer que eu não escrevia bem, que não me achava uma autoridade para falar sobre o assunto, que não sabia se teria tempo para me dedicar a um projeto como aquele. Era claramente minha insegurança batendo à porta. Mas, depois de integrar e ressignificar esse lugar dentro de mim, fui entendendo com a editora como poderíamos flexibilizar alguns pontos, e comecei a me apaixonar pela oportunidade. Um novo senso de propósito então tomou conta de mim. Pensei que, se eu conseguisse impactar a vida de uma única pessoa com o meu livro, ele já teria valido a pena, e então topei o desafio.

E por que estou contando todas essas histórias?

Em nenhuma dessas oportunidades eu me considerava pronta. Nem para tocar naquele primeiro evento como DJ, nem para dar uma palestra no TEDx, muito menos para escrever um livro. Mas ao me permitir viver cada uma dessas experiências, além de ter exercitado o meu músculo do aprendizado e ter conhecido pessoas incríveis, desenvolvi novas habilidades, consegui criar outras formas de ganhar dinheiro, dependendo, assim, menos do vínculo da carteira assinada. Ainda mais importante do que tudo isso: encontrei — principalmente na música —, uma válvula de escape e um respiro para a rotina pesada do mundo corporativo.

Vejo que cada vez mais isso tem acontecido com as pessoas. Tenho um amigo que é vice-presidente de vendas e professor de ioga. Uma amiga que é dona de uma marca de roupas, artista plástica e fotógrafa profissional. Abri uma caixa de perguntas sobre isso no meu Instagram e recebi centenas de mensagens de outros profissionais plurais: executiva e paraquedista, diretora de marketing e ceramista, motorista de Uber e influencer, psicóloga e professora, executivo e piloto da fórmula Nascar, publicitário que tem uma banda de música infantil, desenvolvedora de software e terapeuta

"AQUELES QUE
TÊM EXPERTISE E
PROFUNDIDADE EM
VÁRIOS DOMÍNIOS,
INTERESSES, HOBBIES E
CURIOSIDADE,
QUE SÃO APAIXONADOS
POR UMA AMPLA GAMA
DE ATIVIDADES, ESSAS
SÃO AS PESSOAS QUE
VÃO DOMINAR
A PRÓXIMA ERA."

Ian Beacraft

holística, executivos maratonistas e triatletas... São muitas possibilidades e muitos profissionais plurais.

Quando comecei a estudar sobre o futuro do trabalho, vi uma palestra do futurista Tiago Mattos em que ele dizia que o profissional do futuro teria até cinco carreiras ao longo da vida, e que essas carreiras poderiam até mesmo acontecer ao mesmo tempo. Naquele momento, pareceu loucura, mas sem perceber nem planejar, cheguei a exercer, simultaneamente, uma carreira como executiva no TikTok, DJ, palestrante, professora e agora autora deste livro.

Ian Beacraft, um dos principais futuristas de Inteligência Artificial e futuro do trabalho do mundo, expôs em sua palestra no SXSW como a IA transformará o perfil do profissional do futuro ao destacar a ascensão dos "generalistas criativos", conceito alinhado ao que sempre chamei de profissional plural. Beacraft prevê que, com o avanço das ferramentas de IA, escritórios contarão com equipes em que humanos e IAs colaboram estreitamente. Nesse cenário, a criatividade para transitar entre diferentes áreas será mais valorizada do que a especialização em um único campo: "Viemos de um espaço onde todos fomos orientados a nos especializar. Desde a escola, desde cedo, quando você é jovem, especialize-se, encontre um lugar para realmente se dedicar, construa sua expertise, torne-se um especialista e torne-se indispensável naquele espaço. Bem, agora estamos em uma era onde a IA pode superar qualquer indivíduo muito rapidamente em um domínio específico. Portanto, a ideia de se especializar cedo pode realmente ser um prejuízo, e aqueles que têm expertise e profundidade em vários domínios, interesses, hobbies e curiosidade, que são apaixonados por uma ampla gama de atividades, essas são as pessoas que vão dominar a próxima era. Essa grande intersecção transversal de interesses é o que os ajuda a fazer conexões entre coisas nas quais são especialistas e outras coisas das quais apenas têm consciência ou são bons. De repente, muitos desses conjuntos de habilidades que estavam adormecidos em meu trabalho, poderei trazer para a mesa, com a IA, e executá-las em um nível em que possa agregar valor à minha organização". Segundo ele, a IA nos permitirá abstrair anos de disciplina, expertise e esforço necessários para atuar em um nível decente em centenas de habilidades diferentes. Ter generalistas criativos no time se torna uma grande vantagem competitiva para uma empresa, já que, com estruturas menores, elas podem ter impactos enormes.[61]

Se quisermos seguir uma carreira plural, um ponto importantíssimo é entendermos os nossos chefes e a cultura da empresa em que estamos, pois nem sempre vamos encontrar esse apoio — ainda existem muitos líderes e empresas que querem que você viva apenas para o trabalho. No meu caso, inclusive, tive um líder que me disse, orgulhoso, não muito tempo atrás, que as pessoas tinham hobbies como jogar tênis ou correr, mas que o hobby dele era trabalhar, que ele amava trabalhar e inclusive era o que ele fazia aos fins de semana. Se esse for o seu caso e se você não se identifica com isso, mude de time, de área ou de empresa, pois dificilmente o seu gestor mudará.

Por fim, as vantagens dos profissionais plurais são inúmeras. A diversificação de fontes de renda é, sem dúvida, uma delas, mas temos muitas outras: a possibilidade de realização pessoal (que muitos de nós ainda não encontraram em carreiras tradicionais); networking expandido (uma vez que, trabalhando em múltiplas áreas, temos oportunidade de conhecer e interagir com uma variedade de pessoas com cabeças e mundos diferentes dos nossos); desenvolvimento de maior resiliência profissional (uma vez que essa diversidade de carreiras e experiências exige de nós flexibilidade para nos adaptarmos a diferentes setores ou funções). Mas, para mim, pensando no futuro e nas mudanças que teremos, a maior vantagem de todas é o desenvolvimento de habilidades variadas. Ou, em outras palavras, o fato de esse profissional estar exercitando o músculo da aprendizagem contínua.

Aprender, desaprender, reaprender. Sempre.

Criatividade

Já contei histórias sobre as minhas experiências em empresas de tecnologia, mas, no começo da carreira, tive a incrível oportunidade de trabalhar em uma das empresas, a meu ver, mais criativas e inovadoras do mundo — a Red Bull. Nunca me achei uma pessoa criativa e achava que isso era quase um dom, sabe? Uma habilidade inata, restrita a um grupo seleto de pessoas como artistas, publicitários e gênios criativos. Eu, por outro lado, sempre me considerei uma pessoa prática e lógica, características que julgava serem incompatíveis com a criatividade.

No meu primeiro ano participando de um planejamento anual lá, já me senti "jogada na fogueira": cada funcionário, independentemente do cargo ou departamento, deveria propor pelo menos três ideias inovadoras para eventos e ativações de marca, alinhadas aos territórios da marca — esporte, cultura, música, arte e cinema. Inicialmente, senti uma onda de pânico. A criatividade, ainda mais sob pressão, nunca foi o meu forte. Porém, adorei como a empresa encorajava todos a pausarem as suas rotinas e se dedicarem a esse processo criativo — não é à toa que a marca é uma das mais inovadoras do mundo. Decidida a superar as minhas limitações, me joguei no exercício com muitas latas de Red Bull ao lado, esperando que de fato me "dessem asas", e mergulhei na busca por inspiração para trazer propostas criativas à mesa.

Para encontrar inspiração, pesquisei inúmeras referências de eventos passados, navegando por diversos sites ao redor do mundo. Cada evento analisado adicionava uma nova camada de compreensão sobre o que tornava uma ativação de marca memorável e eficaz. Foi durante esse mergulho profundo que encontrei uma ideia que chamou a minha atenção: um projeto chamado "Red Bull: Under My Wings". O conceito era um workshop de um atleta patrocinado pela Red Bull, com jovens considerados promessas daquela categoria de esporte. O exemplo que vi, que fez brilhar os meus olhos, foi uma ativação com o piloto Sebastian Vettel. Ele dedicou um fim de semana para mentorar jovens promessas do automobilismo, oferecendo workshops intensivos não apenas técnicos, mas de muita inspiração para esses jovens que podiam passar horas com o seu grande ídolo.

Nessa época, eu liderava o time de cultura do interior de São Paulo e, inspirada por esse conceito, propus uma adaptação para o cenário do breakdance brasileiro, com o renomado Bboy Pelezinho — que era da cidade de São José do Rio Preto. A ideia era um evento em que Pelezinho passaria um fim de semana mentorando jovens dançarinos, compartilhando a sua paixão e expertise, marcando a primeira vez que tal iniciativa seria realizada no Brasil, e a primeira vez no mundo que faríamos o evento no universo da "cultura", promovendo não apenas a marca, mas também fortalecendo a comunidade de breakdance local. O workshop englobou os quatro elementos essenciais do hip-hop: grafite, DJ, MC e breakdance, proporcionando uma experiência educativa e imersiva. Cada segmento foi liderado por especialistas que não apenas introduziram os fundamentos de suas artes, mas também inspiraram os participantes a explorar as próprias expressões criativas. O evento terminou em um campeonato de breakdance, oferecendo como prêmio uma vaga no renomado campeonato mundial Red Bull BC One. E essa competição adicionou uma camada de entusiasmo e desafio, destacando os talentos emergentes do breakdance brasileiro e oferecendo-lhes uma plataforma para competir e representar a cultura do hip-hop do Brasil em um palco global.

O evento foi um sucesso! Porém, o mais importante que levei dessa experiência foi perceber como a criatividade pode se manifestar de maneira surpreendente quando as pessoas são colocadas em um ambiente que valoriza e estimula a inovação. Trabalhei em empresas maravilhosas depois da Red Bull, mas nunca encontrei uma que incentivasse dessa forma a criatividade. No contexto do futuro do trabalho, a criatividade se destaca como uma das habilidades mais valorizadas. O Fórum Econômico Mundial identificou o pensamento criativo como uma das top 10 habilidades essenciais para o profissional do futuro, sendo a única a permanecer, ao lado da liderança, como uma constante nas listas de 2018, 2025 e projetadas para 2030.

Todas as crianças nascem com potencial criativo ilimitado. Desde cedo, elas exploram o mundo com curiosidade e originalidade. No entanto, à medida que crescem, começam a ser moldadas por padrões estabelecidos de comportamento e pensamento. Prontamente, ensinamos às crianças a maneira correta de fazer as coisas, incentivando a repetição e a eficiência em detrimento da inovação. Entre os 7 e 14 anos, uma transformação significativa ocorre: os pequenos, outrora fontes inesgotáveis de criatividade, começam a perder essa qualidade conforme se adaptam às expectativas sociais e educacionais. Morre, nesse período, a criança que há em nós. Ela se torna uma cidadã.

Sir Ken Robinson, em sua célebre palestra TED, "As escolas matam a criatividade?",[62] destaca que a criatividade é tão importante na educação quanto a alfabetização, e que deveríamos tratá-la com a mesma seriedade. Robinson argumenta que todos nascemos criativos, mas que o sistema educacional tradicional tende a podar essa capacidade ao longo do tempo, enfatizando a conformidade e a padronização. "Todo sistema educacional do planeta segue a mesma hierarquia de disciplina. No topo estão a matemática e as línguas, depois as humanas e por último as artes. À medida que as crianças crescem, nós começamos a educá-las progressivamente da cabeça para cima." Ele defende uma educação que valorize a originalidade e encoraje os alunos a pensar de maneira criativa e inovadora.

Este processo de "desaprendizado" da criatividade está intimamente ligado ao funcionamento do nosso cérebro. Temos dois hemisférios cerebrais com funções distintas: o hemisfério esquerdo, responsável por lógica, matemática e disciplina; e o hemisfério direito, o lar da criatividade, da intuição e do caos. Desde cedo, o sistema educacional tradicional se concentra em estimular o hemisfério esquerdo, negligenciando o direito. Assim, a educação convencional acaba por suprimir a criatividade natural das crianças, incentivando-as a se tornarem eficientes e conformistas, em vez de originais e inovadoras.

Quando a criança nasce, a função predominante é a do hemisfério direito; o hemisfério esquerdo é praticamente inativo. Então, começamos a lhes ensinar, e aprendemos o truque de como transferir a energia do hemisfério direito para o esquerdo. Do jardim de infância à universidade, é essa a nossa instrução e o que costuma se chamar de educação — pouco foco no desenvolvimento do hemisfério direito do cérebro e muita energia ao estimular o esquerdo.

A partir daí, aprendemos padrões de disciplina, linguagem, lógica e competição. Adquirimos interesse por poder e dinheiro, e começamos a pensar em como nos tornar mais instruídos para sermos mais poderosos. No entanto, essa dicotomia entre os hemisférios não precisa ser definitiva. Podemos — e devemos — aprender a equilibrar ambos, aproveitando as vantagens de cada um conforme a situação exige. Em momentos que requerem cálculos e lógica, utilizamos o hemisfério esquerdo; em situações que demandam inovação e pensamento fora da caixa, ativamos o hemisfério direito. E esse equilíbrio é crucial para o desenvolvimento de uma mente inovadora.

Entretanto, reativar o hemisfério direito exige coragem, abertura ao novo e, principalmente, abertura ao erro. Exige desafiar normas estabelecidas e, muitas vezes, enfrentar a desaprovação social. A sociedade valoriza a conformidade e a eficiência, mas a verdadeira inovação surge quando nos permitimos ser diferentes, excêntricos até. Nas palavras de Sir Ken Robinson: **"Se você não estiver preparado para estar errado, nunca terá uma ideia original. Quando chega à idade adulta, a maioria das crianças perdeu essa capa-**

cidade e abertura ao erro. Nós, adultos, temos pavor de errar. O resultado disso é que estamos educando as pessoas para serem menos criativas". Este processo pode ser desconfortável e arriscado, mas os frutos da criatividade valem o esforço.

Steve Jobs, em seu famoso discurso na Universidade de Stanford em 2005, chamado "Connecting the Dots",[63] argumentava que, quanto mais experiências tivermos, mais criativos podemos ser, pois somos capazes de conectar essas experiências de maneiras inovadoras. Esta perspectiva é crucial para entendermos como a criatividade, a curiosidade e o aprendizado contínuo se entrelaçam para formar uma mente inovadora. Cada nova experiência adiciona uma camada de compreensão, um novo ponto que podemos conectar para criar algo único e significativo. Quanto mais aprendemos e exploramos, mais pontos temos para conectar, ampliando a capacidade de inovar e resolver problemas de modos inéditos. Em um mundo em constante transformação, ser capaz de ver as conexões entre diferentes áreas de conhecimento se torna uma vantagem inestimável.

Portanto, perceba que, embora a IA simule processos criativos, ela não experimenta o mundo da mesma forma que os humanos. A criatividade humana é enriquecida por nossas emoções, intuições e experiências pessoais. A empatia e a compreensão humana são insubstituíveis, e é isso que torna a criatividade tão valiosa. No futuro do trabalho, em que a automação e a IA podem executar muitas tarefas rotineiras e analíticas, a criatividade tende a ser um dos principais diferenciais humanos. Profissionais criativos são aqueles que podem pensar fora da caixa, adaptar-se a novas situações e desenvolver soluções que as máquinas não conseguem conceber. Eles serão os líderes e inovadores que guiarão as empresas por meio das mudanças tecnológicas e econômicas.

CAPÍTULO 4 — LETRAMENTO TECNOLÓGICO, LIDERANÇA E INFLUÊNCIA SOCIAL

Letramento tecnológico

Na última década, testemunhamos um fenômeno enorme de empresas de diversos setores buscando se reinventar como entidades de tecnologia. Esse movimento foi impulsionado pela emergência das chamadas "techs" — empresas que, desde a sua concepção, incorporaram fortemente a tecnologia em seu DNA. Fintechs, edtechs, healthtechs, adtechs, martechs... Com o sucesso delas e o avanço da revolução digital, começamos a ver também as corporações tradicionais se posicionarem (ou reposicionarem) como empresas de tecnologia. Exemplo clássico disso é um comercial no qual o Itaú diz ser uma empresa de tecnologia, e não um banco. Como estratégia, faz sentido. As empresas mais valiosas do mundo hoje são empresas de tecnologia, e se sua empresa não acompanhou essa onda, ela provavelmente está ficando para trás de alguma tech.

Porém, há uma implicação óbvia nesse reposicionamento. Empresas são formadas por pessoas. Se esse reposicionamento for de fato levado a cabo, podemos ver que, em um futuro próximo, não só as empresas precisarão ser tech, mas nós, profissionais, também. Uma evidência disso é a inclusão do *letramento tecnológico* na lista de habilidades mais importantes do WEF.

Mas o que realmente significa ser letrado em tecnologia? A resposta vai além de simplesmente saber usar dispositivos eletrônicos. O letramento tecnológico é a capacidade de entender, utilizar e avaliar criticamente a tecnologia. Isso significa adaptar-se rapidamente a novas ferramentas, entender os princípios básicos por trás delas e aplicar esse conhecimento para resolver problemas complexos em diversos contextos.

Ser um "profissional tech" não se restringe mais a ser um desenvolvedor ou especialista em TI. Significa desenvolver uma compreensão ampla e prática das tecnologias que estão remodelando o mundo. Inclui aprender a usar ferramentas de Inteligência Artificial para aumentar a eficiência, entender os fundamentos da automação e abraçar as mudanças digitais em todas as esferas da vida. Para podermos contextualizar melhor, trarei alguns exemplos práticos.

Eu, como profissional do mundo corporativo, sempre tive boa parte do meu tempo sendo consumido por planilhas de Excel e apresentações de PowerPoint, seja fazendo fórmulas, criando planilhas ou montando apresentações. Hoje em dia, ferramentas de IA como o Copilot da Microsoft, Gemini do Google, Rows AI ou o próprio ChatGPT 4.0, integradas ao Excel ou ao Google Sheets, fazem todo o trabalho para você. Imagine que você sabe o que quer na sua planilha, mas não necessariamente sabe criar as fórmulas corretas para isso. É só descrever em palavras o que quer e a IA fará o restante. Já para montar apresentações, ferramentas como o Copilot, Tome.ai, Slides.ai, Decktopus e Gama nos recomendam layouts de design, sugerem melhorias no conteúdo e até mesmo criam a apresentação do zero. Podem, inclusive, fornecer legendas ao vivo durante as apresentações, aumentando a acessibilidade e eficiência. Isso sem falar nas ferramentas que automatizam respostas de e-mail, que gravam, resumem e anotam o que foi falado em reuniões (Otter.ai e Fireflies). Todas essas ferramentas se aprimoram a cada dia e melhoram muito a eficiência dos profissionais que as utilizam.

No mundo dos desenvolvedores de software, ferramentas de IA como o GitHub Copilot representam um salto quântico em termos de produtividade e eficiência ao autocompletar códigos de modo inteligente, identificar e corrigir bugs automaticamente, revisar códigos para melhorar a sua eficiência, e automatizar testes para assegurar a qualidade. Além disso, essas ferramentas facilitam o desenvolvimento orientado por dados, ajudam na tomada de decisões com base em análises profundas, geram documentação de maneira autônoma e otimizam processos de integração e entrega contínuas. Juntas, essas capacidades não apenas aceleram o desenvolvimento, mas também elevam a qualidade do software, permitindo que os desenvolvedores se concentrem em inovação e resolução de problemas complexos.

Na medicina, vemos a IA já sendo muito utilizada na radiologia fazendo análises de imagens médicas (como raios-X, tomografias computadorizadas e ressonâncias magnéticas) e até superando humanos em algumas tarefas. Também vemos a IA sendo treinada para assistir cirurgiões, analisando vídeos de procedimentos cirúrgicos a fim de oferecer conselhos em tempo real, isso sem falar na telemedicina para realizar consultas a distância e aplicativos móveis para monitoramento de pacientes. Uma equipe de pesquisadores do MIT desenvolveu um sistema capaz de detectar se uma biópsia de mama é cancerígena ou não com 92,5% de precisão. Patologistas humanos, em comparação, conseguiram alcançar uma taxa de 96,6% — mas quando fizeram os seus diagnósticos com o sistema do MIT ao lado deles, conseguiram aumentar essa taxa para 99,5%, quase chegando à perfeição.[64] A nova tecnologia fez com que esses médicos ficassem ainda melhores na tarefa de identificar cânceres.

No campo de profissionais que trabalham com design gráfico ou visual, ferramentas como o Adobe Photoshop agora oferecem recursos como seleção automática de objetos, retoque de imagem com um clique e ajustes de cor baseados em IA, que economizam tempo e melhoram a precisão. A versão mais atual pode, inclusive, gerar automaticamente imagens a partir de texto, e integrá-las de maneira inteligente a outras imagens.

Esses são apenas alguns exemplos, mas o que vale a pena é pesquisar, dentro do seu universo e da sua trajetória profissional, quais são as últimas tendências e inovações. Seja na agricultura, no setor financeiro, em marketing, comunicação ou educação, os profissionais e empresas que se mantiverem atualizados com os avanços tecnológicos específicos de suas áreas terão, sem dúvida, uma vantagem competitiva significativa. Reconhecer e integrar essas novidades não apenas enriquece o seu conhecimento, mas também posiciona você e sua organização à frente no mercado.

Em minhas palestras, costumo perguntar quem já usou o ChatGPT. A maioria das pessoas levanta a mão, com orgulho. Mas quando questionados sobre a versão mais recente, o ChatGPT Omni, ou sobre a GPT Store, a maioria demonstra sequer ter conhecimento que essas atualizações já existem. Enquanto você estiver lendo este livro, provavelmente uma nova versão já terá surgido. Fico pensando do que será capaz a versão ChatGPT 8.0 ou ChatGPT 9.0, ou até mesmo a versão ChatGPT 15.0.

VOCÊ NÃO SERÁ SUBSTITUÍDO POR UMA INTELIGÊNCIA ARTIFICIAL, MAS PODE SER POR UM SER HUMANO QUE SAIBA UTILIZÁ-LA MELHOR DO QUE VOCÊ.

@michelleschneider
O Profissional do Futuro

Com esse exemplo, quero ilustrar a rapidez com que a tecnologia evolui. No entanto, o letramento tecnológico vai além de acompanhar as últimas versões e ferramentas disponíveis: trata-se de uma mentalidade de constante aprendizado e adaptação.

Lembro-me, no começo da carreira, de pessoas que destacavam no currículo o conhecimento no "pacote Office": Excel, PowerPoint e Word. Isso era um diferencial. Hoje, já se espera que um profissional domine essas ferramentas. Em breve, o mesmo acontecerá com as ferramentas de IA. Quem desenvolver essas habilidades primeiro certamente sairá na frente. Quem não desenvolver correrá o risco de ser ultrapassado por aqueles que desenvolverem, e é daqui que vem uma das frases mais faladas por praticamente todos os especialistas sobre futuro do trabalho nos dias de hoje: você não será substituído por uma Inteligência Artificial, mas pode ser por um ser humano que saiba utilizá-la melhor do que você. Ao menos no curto prazo, esta é também uma crença minha.

O letramento tecnológico, portanto, vai além do manuseio competente de ferramentas digitais, abrangendo a compreensão crítica e a aplicação ética da tecnologia em diversos contextos. Essa habilidade se torna um pilar para profissionais que desejam não só acompanhar, mas liderar na vanguarda da inovação, garantindo uma posição de destaque na trajetória de suas carreiras e na sociedade como um todo. A jornada é contínua e exige disposição incansável para o aprendizado e a adaptação, essenciais para prosperar na era digital.

Liderança e influência social

Quando virei gerente no LinkedIn, fizemos um exercício em um treinamento para os novos líderes da empresa. Eu me lembro como se fosse hoje: em um post-it, deveríamos anotar, entre todas as nossas experiências profissionais até então, aquela em que havíamos dado o mais próximo de 100% da nossa capacidade de desempenho, atribuindo um percentual a essa entrega. Em um segundo post-it, a tarefa era registrar a experiência em que tivemos a nossa menor entrega, atribuindo também um percentual. Após completarmos, colamos os post-its na parede, criando um mosaico de experiências pessoais. Um a um, compartilhamos as nossas histórias, revelando os motivos pelos quais atingimos nosso pico ou nosso vale em termos de desempenho. A descoberta, quase unânime, foi reveladora: com pouquíssimas exceções, o fator determinante para o nosso nível de engajamento e desempenho estava diretamente ligado à figura do líder. Sugiro que você faça esse exercício agora, não leva nem cinco minutos.

Se realizasse esse mesmo exercício hoje, mesmo após tantos anos, a época em que estive mais próxima do meu potencial máximo continuaria sendo a mesma. Foi durante os anos em que trabalhei no LinkedIn, sob a gestão da líder mais inspiradora e impactante que já tive, que hoje se tornou uma grande amiga e mentora. O nome dela é Ana Moisés. Ana foi, sem dúvida, a líder que extraiu o melhor de mim, e é fascinante refletir sobre como e por quê. Seu carisma, confiança (tanto em si mesma quanto na equipe) e motivação incansável para alcançar as metas (ela sempre brincava: "99% não é 100%") inspiravam todos ao seu redor — ela tinha um brilho que é difícil de colocar em palavras. Sua prontidão em defender a sua equipe a todo custo e a confiança que depositava em nós, frequentemente mais do que nós mesmos, foram fundamentais para o meu desenvolvimento profissional. Além de tudo isso, Ana tem uma genialidade em promover um ambiente colaborativo e em contratar pessoas do bem, o que acabava refletindo em um clima muito leve e especial. Depois dessa experiência, nunca mais encontrei um time assim.

A liderança sempre foi e sempre será uma habilidade crucial. No entanto, assim como o mundo do trabalho e o perfil dos profissionais estão em constante evolução, as expectativas em relação aos líderes também estão se transformando significativamente. Os líderes do futuro enfrentarão desafios em um ambiente dinâmico e incerto, necessitando, portanto, de maior adaptabilidade e uma visão estratégica aprimorada. Menos autoritários e mais facilitadores, promoverão um espaço no qual a experimentação é incentivada e as falhas são vistas como oportunidades de aprendizado. Esta evolução na liderança, que favorece a distribuição em vez da centralização do poder e da informação, requer que os líderes sejam excelentes comunicadores e colaboradores, capazes de inspirar confiança e fomentar um senso de pertencimento entre os seus times.

Além disso, a sustentabilidade se tornará um pilar central, exigindo que os líderes encontrem um equilíbrio entre lucro e responsabilidade ambiental e social. Este aspecto é ressaltado no trabalho de Andrew S. Winston em *The Big Pivot*, que defende que as empresas e seus líderes devem realizar mudanças radicais para operarem de maneira sustentável frente às mudanças climáticas e aos desafios globais.[65] Ademais, a liderança futura exigirá habilidades para lidar com diversidade e inclusão, valorizando diferentes perspectivas e culturas. Por fim, acredito que a proficiência tecnológica se tornará essencial, não apenas como ferramenta, mas como meio vital para facilitar a inovação e a colaboração global.

Sabendo da importância, do poder e do impacto de termos bons líderes, não me surpreendeu ver as habilidades *liderança e influência social* pintando na lista das mais importantes segundo o WEF. Ambas as habilidades são inter-relacionadas, mas não idênticas. Enquanto a liderança se concentra mais na direção e motivação de um grupo para alcançar objetivos específicos, a influência social se estende além dos limites de um grupo específico e pode ser exercida em uma variedade de contextos sociais. Enquanto a liderança geralmente requer uma posição formal ou um reconhecimento como líder, a influência social pode ser exercida por qualquer pessoa, independentemente de sua posição ou status. Ambas são fundamentais para efetuar mudanças positivas, mas operam em diferentes esferas e contextos.

Se já falei sobre a líder mais inspiradora que já tive, parei para fazer a mesma reflexão sobre uma pessoa do meu círculo social que eu considere um influente social. Tenho um grande amigo que é meu vizinho e exerce essa influência de modo brilhante: o nome dele é Alan Bordin, mas todos o conhecem como Piludi. Ele não é líder formal ou chefe, mas é aquela pessoa que todos admiram e respeitam. Com seu carisma e sua habilidade de conectar pessoas, ele organiza viagens, festas e projetos sociais com facilidade incrível. Todos apoiam e se entusiasmam em participar do que ele propõe. Seu poder de influência não vem de um título, mas de sua personalidade magnética e da confiança que inspira nas pessoas ao seu redor. Ele é um exemplo de como a influência social pode ser um instrumento poderoso de união e ação coletiva, capaz de transformar ideias em realidade e criar um senso de comunidade e propósito compartilhados.

Quando saio do meu círculo social e penso em um influente social, o primeiro nome que me vem à cabeça é o Eduardo Lyra. Se você ainda não o conhece, ele é um empreendedor social brasileiro, fundador da organização Gerando Falcões, que atua em periferias urbanas promovendo a transformação social por meio da educação e da empregabilidade. Crescido na favela de Poá, em São Paulo, Lyra usou a própria história de vida, marcada por adversidades, para impulsionar um movimento de mudança positiva nas comunidades mais carentes do Brasil. Ele não somente identificou os desafios enfrentados pelas comunidades marginalizadas, como também agiu ativamente para criar oportunidades e alternativas para os jovens nessas áreas. Seu trabalho vai além da assistência: é uma busca por empoderamento e sustentabilidade. Lyra também demonstra uma habilidade única de se conectar com diferentes públicos, desde moradores de favelas até empresários e políticos, mobilizando um amplo espectro de recursos e apoios para as suas iniciativas. Seu trabalho e sua voz se tornaram um catalisador para o debate e ação em torno de questões de desigualdade social e educação.[66] A forma como ele comunica a sua missão, inspirando os outros a tomarem parte nela, é um exemplo claro de liderança influente.

Embora liderança e influência social sempre tenham sido competências essenciais no mercado de trabalho, nas últimas décadas observamos uma expansão significativa dessas habilidades para além do contato pessoal. Com o surgimento das redes sociais, essas habilidades foram amplificadas e transformadas, adaptando-se ao contexto digital. Agora, líderes e influenciadores dispõem de uma variedade de ferramentas digitais que permitem ampliar drasticamente o seu alcance e impacto, permitindo que ideias, comportamentos e tendências se espalhem com rapidez e alcancem grandes audiências. Isso revolucionou a forma como interagimos e nos engajamos nas nossas redes profissionais e sociais, tornando a influência social uma ferramenta ainda mais poderosa e indispensável no ambiente de trabalho moderno.

Redes sociais como ferramentas profissionais

Entendemos que a influência social transcende a mera gestão de um perfil nas redes sociais. No entanto, com minha experiência de uma década trabalhando em algumas das principais redes sociais do mundo (LinkedIn, Google/YouTube e TikTok), achei que valia a pena destacar como esses canais podem ser usados para alavancar as nossas carreiras profissionais. Considerando o futuro profissional, é crucial reconhecer o potencial das redes sociais como ferramentas estratégicas, independentemente do seu campo de atuação, seja você estudante, professor, médico, advogado ou engenheiro. A questão não é se tornar criador de conteúdo ou influenciador digital, mas sim entender e explorar as múltiplas maneiras pelas quais as redes sociais podem ser utilizadas para impulsionar o seu desenvolvimento profissional e ampliar a sua influência no seu campo de especialização.

Para ilustrar isso, vou abordar algumas estratégias e dicas, organizadas em três pilares:

1. Networking;
2. Aprendizado contínuo por meio das redes sociais;
3. Marca pessoal.

Networking: expandindo as suas oportunidades por meio de conexões nas redes sociais

Quando entrei no TikTok, me perguntaram na entrevista qual era o meu superpoder. Respondi na hora: *relacionamento*! Conhecer gente e conectar pessoas é algo que sempre fiz com muita paixão e naturalidade.

Tive a sorte de descobrir a importância do networking muito cedo. A Amcham, primeira empresa em que trabalhei, funcionava como um clube de negócios em que um dos pilares era o networking. Eu, com apenas 19 anos, abordava CEOs e altos executivos em eventos e me apresentava: "Oi, fulano, muito prazer, eu sou a Michelle da Amcham", e acabava gerando muitos negócios assim. Ter desenvolvido essa "cara de pau" me ajuda até hoje a abrir muitas portas na minha vida pessoal e profissional.

Lembro que eu tinha pastas e mais pastas dos cartões de visita de todos os executivos que conheci durante esses anos na Amcham (gerações mais novas talvez não saibam, mas quando conhecíamos um executivo em um evento ou reunião, trocávamos cartões contendo nome, empresa, e-mail e telefone). Organizava os meus cartões por setor e ordem alfabética, e morria de orgulho de cada cartão novo que eu adicionava a esses arquivos, ainda mais quando eram cartões de executivos C-Level de grandes empresas. Hoje em dia, essa rede de contatos existe dentro do nosso perfil do LinkedIn ou até mesmo em outras redes sociais, como o Instagram.

Saber quando e como acionar a minha rede de contatos, além de sempre buscar ampliá-la, sempre fez e continua fazendo muita diferença na minha carreira. A maioria das entrevistas de emprego que tive oportunidade de fazer na vida partiram de contatos de pessoas com quem já trabalhei anteriormente. Nunca dependi apenas de enviar currículos ou me candidatar a vagas e ficar esperando que um recrutador se interessasse pelo meu perfil. Se não conhecia ninguém na empresa de meu interesse, tomava a iniciativa de perguntar a um conhecido se ele poderia me indicar para alguém que me oferecesse uma oportunidade. Até como DJ, a maioria dos lugares em que toco resulta de conhecer alguém que conhece alguém. Pode parecer injusto, especialmente quando sentimos que não pertencemos às "bolhas" desejadas. No entanto, muitas decisões profissionais ainda giram em torno do networking — e aprender a navegar e, muitas vezes, a furar essas "bolhas" é uma habilidade que pode ser desenvolvida.

Você pode estar pensando: "Mas, Michelle, não conheço ninguém. Por onde começo?". Atitude! Isso também vai fazer diferença. Se o seu sonho é trabalhar no Google, entre na página do Google no LinkedIn, veja se conhece alguém que trabalha lá. Caso não conheça, encontre quais são as pessoas que trabalham na área em que você quer trabalhar, mande mensagem, gere o movimento! A maioria das pessoas provavelmente irá ignorar você, mas talvez uma delas ajude, e isso pode mudar a sua vida. O networking não sustenta portas abertas caso você não tenha talento e profissionalismo, mas ele sem dúvida ajuda a abrir novas portas.

Veja o caso do meu primo: desde criança, ele fazia uns bonequinhos incríveis de massa adesiva (tipo Durepoxi). Lembro que ele passava todas as festas de família, fosse Natal, Páscoa ou aniversários, trabalhando nesses bonecos, que ficavam perfeitos. Acabou se formando como designer, mas até os seus 30 anos ainda não tinha tido um emprego em uma grande empresa na área. Até que ficou desempregado e, durante um almoço de família, veio me pedir ajuda para se recolocar.

Fiz um exercício com ele, pedindo que me dissesse quais eram as empresas em que sonhava trabalhar, e pedi que pensasse grande, sonhasse alto mesmo. Depois de listar todas, sugeri que ele entrasse na página de cada uma delas no LinkedIn e, em primeiro lugar, verificasse se conhecia alguém que trabalhava nesses lugares. Se conhecesse, deveria mandar uma mensagem para essa pessoa falando do interesse dele de trabalhar na empresa e pedindo ajuda. Caso não conhecesse ninguém, sugeri que tentasse achar quem era o contratante e o recrutador responsáveis pelas vagas do interesse dele. Meu primo era bom, tinha um excelente portfólio, mas até então nunca tinha tido a ambição e a coragem de tentar algo maior. Então, depois de algum tempo dessa nossa conversa, se arriscou e abordou proativamente alguns recrutadores. Um deles era para uma vaga na Lego — um detalhe importante: a vaga era na Dinamarca. O recrutador gostou do perfil dele, o chamou para uma entrevista no local, com tudo pago pela Lego, e foi assim que ele passou na vaga. Já mora lá há oito anos, é hoje designer sênior na Lego da Dinamarca e é absolutamente realizado profissionalmente.

Outra história que adoro é a do Osvaldo Barbosa de Oliveira — aquele Osvaldo, sobre quem o Hohagen me perguntou na ponte aérea para São Paulo. O Osvaldo foi o executivo responsável pela abertura do LinkedIn no Brasil. Em 2011, ele havia acabado de sair da Microsoft e leu na mídia que o LinkedIn estava planejando abrir o seu escritório no Brasil. Ele pesquisou mais sobre a empresa e pensou que seria uma excelente oportunidade trabalhar lá. Então buscou no próprio LinkedIn se conhecia alguém que trabalhasse lá. Não conhecia ninguém diretamente, mas viu que um amigo dele tinha uma conexão direta com o Jeff Weiner, presidente global do LinkedIn na época. Abordou esse amigo e pediu que fizesse a conexão, que aconteceu a partir de uma mensagem para o Jeff que dizia: "Olá, Jeff, tudo bem? Soube que vocês vão abrir um escritório no Brasil e acredito que você deveria conhecer o Osvaldo, executivo sênior que acabou de sair da Microsoft". Em 24 horas, Jeff Weiner respondeu, e, em 48 horas, Osvaldo já estava sendo entrevistado. Ele passou na vaga e foi o primeiro diretor executivo do LinkedIn Brasil, alguém que tive o prazer de ter como chefe por muitos anos.

Essa mentalidade vale para tudo, não apenas para procurar emprego. Se o LinkedIn foi a porta de entrada para o sucesso do meu primo e para o Osvaldo, imagine quantas outras portas existem para serem abertas em diferentes plataformas. Cada rede social tem a própria linguagem, o próprio conjunto de usuários e o próprio propósito. E cada uma delas pode ser utilizada para expandir o networking.

Não se trata apenas de com quais locais ou pessoas você se conecta, mas de como o faz. Ao abordar alguém, seja autêntico. Se possível, peça sempre ajuda de um intermediário capaz de fazer essa ponte. Em vez de uma mensagem genérica, mostre que você fez a sua pesquisa. Comente sobre um projeto recente da pessoa, um artigo que ela escreveu ou algo que você genuinamente admira sobre o trabalho dela. Ah, e não bajule a pessoa. Reconheça o trabalho dela, diga que aquilo inspira você (se for um sentimento honesto), mas não fique desfiando elogios se aquilo não for sincero. As pessoas notam. A autenticidade é a chave para estabelecer conexões reais e duradouras.

Agora, existe algo importante: se estou dizendo para você construir uma rede sólida de contatos e acioná-la sempre que for preciso, é importante estar disponível e disposto a ajudar as pessoas quando pedirem por isso. Quantas pessoas já indiquei em vagas, não só nas empresas que trabalhava (acho que não existiu um dia na vida em que uma pessoa não me pediu ajuda de indicação para vagas no TikTok, Google e LinkedIn), mas também perguntando sobre dicas e resolução de problemas como perfis duplicados, senhas esquecidas, perfis clonados e conselhos de carreira... Nem sempre consegui ajudar, mas posso dizer que sempre tive um prazer enorme em pelo menos tentar — e posso dizer que morro de felicidade de saber que já ajudei muita gente a arrumar um novo emprego.

Conecte pessoas, tome cafés, participe de almoços e faça essa energia girar. O mundo dá voltas e, quando a gente menos espera, uma pessoa que você ajudou, sem esperar nada em troca, volta anos depois abrindo alguma porta nova. Networking, para mim, é a característica de um profissional do passado, do presente e do futuro. Acredito que isso nunca vá mudar.

Aprendizado contínuo nas redes sociais

Hoje, quase 5 bilhões de pessoas (ou seja, 62% da população mundial) tem perfil em alguma rede social,[67] sendo 177 milhões apenas no Brasil.[68] Nós, brasileiros, ocupamos o terceiro lugar no ranking das populações que passam mais tempo nas redes sociais, com o tempo médio de 3 horas e 37 minutos por dia.[69] Isso mesmo, nós passamos, em média, quase 4 horas por dia nas redes sociais. Você sabe quanto tempo você passa por dia nas suas redes sociais? Caso você nunca tenha checado, sugiro fazer isso agora mesmo. Basta olhar o tempo de uso de cada aplicativo nas configurações do seu celular.

Quando trabalhava no LinkedIn, tinha um slide que aparecia em muitas das nossas apresentações, que dizia que, quando as pessoas estavam em suas redes sociais pessoais (Facebook, Instagram etc.), elas estavam ***gastando*** o tempo delas, mas quando elas estavam no LinkedIn, que era uma rede social profissional, elas estavam ***investindo*** esse tempo. Hoje, o que acredito é um pouco diferente: independentemente da rede social em que você esteja, está na sua mão definir se investe ou gasta o seu tempo.

Nós podemos gastar esse tempo checando a vida alheia — o que as pessoas que seguimos comem, as suas rotinas nas academias, fotos de seus filhos e pets, dancinhas dos hits do momento — ou podemos mandar sinais para o algoritmo nos mostrar outros tipos de conteúdo, que provavelmente vão nos agregar mais. Podem ser notícias, dicas de filmes, de novas ferramentas de trabalho, de educação financeira... São muitas as possibilidades. Sabemos que existe absolutamente de tudo na internet, e está na nossa mão escolher o que queremos ver, seguindo as páginas certas, instruindo corretamente o algoritmo, e sempre nos certificando se as informações que recebemos são verdadeiras — afinal, nunca foi tão difícil discernir um conteúdo real de algo fabricado.

Aliás, vocês sabiam que o TikTok não se considera uma rede social, mas sim uma plataforma de entretenimento?[70] Você sabe por quê? O conceito de redes sociais surgiu antes da existência do TikTok, época em que todo o conteúdo visualizado em nossas redes sociais era baseado em nosso círculo social. Ao acessarmos o Instagram, o LinkedIn ou qualquer outra rede social, o conteúdo que víamos provinha de pessoas que seguíamos ou com as quais estávamos conectados. Da mesma forma, quando postávamos algo em nosso feed, apenas os nossos seguidores (ou conexões) viam esse conteúdo. Por isso, o conceito era denominado "rede social", e a importância de ter seguidores era evidente: quanto mais pessoas me seguissem, mais o meu conteúdo seria visualizado.

Só que quando o TikTok chegou, ele resolveu que os usuários poderiam seguir quem quisessem — ou não seguir ninguém —, mas isso não afetaria o conteúdo exibido. Em vez disso, o algoritmo seria o responsável por entender e entregar o conteúdo, com base no *interesse* de cada usuário. Ou seja, se você engaja com dancinha, então são esses vídeos que vai receber. Se engaja com culinária, vai receber novas receitas, e assim será com qualquer conteúdo que você assistir até o final, curtir, comentar ou compartilhar. Pensando nisso, o que você pode fazer para otimizar esse tempo e forçar o algoritmo a trabalhar a seu favor? Engajar-se com conteúdos que vão ensinar a você novas habilidades. Para o LinkedIn, a regra é a mesma. Tem gente que não gosta, que acha que todo mundo está lá só querendo se promover, mas se você segue e se conecta apenas com pessoas que geram bons conteúdos, sobre assuntos que têm a ver com sua área — e silencia pessoas que postam conteúdos que não agregam nada a você —, vai aprender muito mais nessas quase quatro horas diárias conectadas às redes sociais.

Quando estou no meu perfil do TikTok, 90% do conteúdo que vejo está relacionado a novas ferramentas de IA, cortes de palestras e podcasts sobre inovação, futurismo, viagens e música. E você? Já parou para pensar que tipo de conteúdo tem consumido nas suas redes sociais? Sugiro que faça uma pausa e uma reflexão sobre isso. Que tipo de conteúdo você tem consumido e o que tudo isso agrega a você?

Marca pessoal nas redes sociais

"Marca é o que dizem de você quando você não está na sala."
— Jeff Bezos[71]

Ao refletir sobre marca pessoal nas redes sociais, é comum associarmos esses conceitos imediatamente a figuras proeminentes do universo digital, como celebridades, blogueiras, influenciadores e, no caso do LinkedIn, os famosos Top Voices. No Brasil, o número de influenciadores digitais ultrapassa, atualmente, o de profissões tradicionais como engenheiros, dentistas e médicos.[72] Contudo, é crucial reconhecer que a essência da marca pessoal transcende muito a esfera dos influenciadores convencionais. Ela se constrói por meio de uma variedade mais ampla de ações, interações e contribuições em diversos campos e contextos, não se limitando apenas àqueles que detêm grande audiência nas plataformas digitais.

Marca pessoal é o resultado da maneira como você se apresenta ao mundo, e como é percebido pelos outros quando se coloca em ação. É importante saber que, querendo ou não, a sua marca pessoal já existe. Você pode nunca ter pensado e estruturado como quer se apresentar ao mundo, mas pode ter certeza de que as pessoas com quem interagimos tiram conclusões sobre nós o tempo todo e criam a sua própria definição de quem somos. O nosso tom de voz, a nossa forma de vestir, a postura que adotamos em reuniões e, cada vez mais, a maneira como interagimos nas redes sociais, passa a ser um componente-chave desta definição. Essas percepções moldam a nossa marca pessoal de maneira contínua e dinâmica.

Jogue o seu nome no Google. O que aparece quando você digita o seu nome na internet? O que você encontra reflete a sua marca pessoal no mundo digital atual. E essa é a imagem que potenciais empregadores, parceiros ou clientes verão antes de uma primeira reunião ou entrevista com você.

Não é novidade para ninguém que as redes sociais trouxeram uma possibilidade incrível para as pessoas revelarem a sua voz e ganharem protagonismo, em qualquer contexto que estejam, inclusive corporativo. A marca pessoal no ambiente corporativo pode ser um fator crucial para o avanço na carreira. Líderes e executivos que demonstram clareza em seus valores, consistência em suas ações e a habilidade de comunicar a sua visão e o conhecimento, muitas vezes se estabelecem como influenciadores em seus campos.

Em 2014, quando o LinkedIn ampliou a funcionalidade de publicação de artigos para todos os seus usuários, houve um aumento drástico no número de empresas e executivos nos procurando para pedir ajuda no desenvolvimento de sua estratégia de thought leadership. Essa abordagem visa estabelecer indivíduos e organizações como autoridades influentes em suas áreas, usando plataformas digitais para compartilhar insights e ideias que moldam o pensamento da indústria. O que recomendávamos na época era que as empresas fizessem uma seleção dos executivos mais relevantes, trabalhassem o perfil do LinkedIn deles, definissem os temas e assuntos para cada líder e um calendário de conteúdos ao longo do ano. O thought leadership nas redes sociais vai além da promoção de produtos ou serviços: é uma forma de engajamento em discussões relevantes que constrói confiança e credibilidade. Executivos agora são vistos não só como gestores, mas como indivíduos inspiradores e inovadores. Ao compartilhar suas visões, redefinem a liderança moderna, valorizando a abertura e a partilha de conhecimento. Esta abordagem não apenas reforça a relevância deles, mas também contribui para moldar o futuro dessas indústrias.

Mas uma coisa é falar, outra é colocar isso em prática. Apesar de eu saber da importância de trabalharmos a nossa marca pessoal nas redes sociais, e de ter uma boa noção de como fazê-lo, nunca me joguei de cabeça com receio de ser julgada, de me expor negativamente ou de soar como alguém que está querendo se autopromover. Tenho pavor disso. Acredito que esse pode ser o caso de muitos de vocês.

No entanto, em 2024 decidi criar coragem e me aventurar um pouco mais nesse lugar. Para dar os primeiros passos, desenvolvi um plano estratégico para trabalhar a minha marca pessoal nas redes sociais:

1) **Autoavaliação e definição de objetivos com linha editorial:** iniciei com uma autoavaliação para identificar os meus pontos fortes e interesses. Defini "futuro do trabalho" como o tema central da minha linha editorial. Em paralelo, decidi incorporar discussões sobre o lado humano e a importância do autoconhecimento, que considero uma das habilidades essenciais do século XXI. Essa combinação oferece uma perspectiva equilibrada entre tendências profissionais e crescimento pessoal.
2) **Escolha das plataformas:** escolhi o LinkedIn como a minha plataforma principal por vários motivos. Em primeiro lugar, é uma rede voltada ao público profissional, que se alinha perfeitamente com o tema "futuro do trabalho". Além disso, o LinkedIn facilita a criação de conexões significativas com profissionais de diversos setores e oferece a oportunidade de participar de discussões relevantes, ampliando o alcance e o impacto do meu conteúdo.

3) **Criação de conteúdo autêntico com um toque pessoal:** ao desenvolver conteúdos, me concentro em manter a autenticidade, mesclando informações profissionais com insights pessoais. Isso inclui compartilhar as minhas experiências e reflexões sobre como o autoconhecimento influencia nossas carreiras, enriquecendo a discussão sobre o futuro do trabalho com uma perspectiva humana e empática.
4) **Planejamento e consistência:** elaborei um calendário editorial para manter uma presença on-line consistente. Decidi postar três vezes por semana, às terças, quartas e quintas, dias em que o público tende a estar mais ativo no LinkedIn.
5) **Engajamento e interação autêntica:** além de publicar regularmente, faço questão de interagir de maneira significativa com a minha rede, comentando em posts relevantes e respondendo a comentários no meu conteúdo, valorizando o diálogo e a construção de relações autênticas.
6) **Avaliação e ajustes contínuos:** estou sempre avaliando o impacto do meu conteúdo por meio de métricas de engajamento e crescimento da audiência, e sigo disposta a ajustar a minha estratégia conforme necessário.

Por mais resistentes que muitas pessoas ainda sejam às redes sociais, é fato inescapável que, nos dias de hoje, levamos uma vida dupla: uma no mundo real, outra no digital. Por mais que a exposição a esse mundo on-line seja cheia de armadilhas, principalmente para a nossa saúde mental, acredito que plataformas digitais podem, sim, ser "domadas" para nos servir — e não o contrário. Espero que a leitura deste livro incentive você a não apenas se posicionar nas redes, mas se posicionar de maneira mais pensada, produtiva e autêntica, contribuindo para a criação de um ambiente digital menos tóxico e mais humano. Quando uma rede social é usada com um objetivo social — ou seja, quando a usamos como ferramenta comunitária e não como aparato autocentrado —, nós estamos ajudando a criar uma realidade em que gostaríamos de habitar.

Em suma, as tendências indicam que, em um mundo dominado pela rapidez da inovação e mudança constante, aqueles que conseguem se adaptar, liderar e influenciar não apenas sobrevivem, mas prosperam. Neste contexto, o letramento tecnológico não é apenas um complemento ao conjunto de habilidades de um profissional moderno, mas uma exigência fundamental que capacita os indivíduos a interagirem eficientemente com ferramentas e tecnologias emergentes. A liderança e a influência social, por sua vez, moldam como esses profissionais orientam as suas equipes por meio dos desafios e como comunicam valores e visões que ressoam em escala mais ampla. O profissional do futuro, portanto, é aquele que não apenas entende e utiliza a tecnologia de maneira crítica, mas que também inspira e mobiliza os outros em direção a objetivos comuns. Esse conjunto de habilidades será crucial não apenas para a carreira individual, mas também para o avanço da sociedade, à medida que enfrentamos desafios globais cada vez mais complexos.

CAPÍTULO 5 — INTELIGÊNCIA EMOCIONAL: EMPATIA, ESCUTA ATIVA, MOTIVAÇÃO E AUTOCONHECIMENTO

Inteligência emocional

Como discutido no capítulo 2, o relatório do Fórum Econômico Mundial destaca um conjunto de soft skills essenciais para os profissionais do futuro, incluindo *motivação*, *autoconhecimento*, *empatia* e *escuta ativa*.[73] Entendo que essas habilidades podem ser abrigadas sob um único guarda-chuva, sobre o qual irei me debruçar nesta parte do livro: o da *inteligência emocional*. Em seguida, vou expandir o conceito de autoconsciência para algo que julgo ainda mais importante, não apenas no âmbito profissional, mas também no pessoal: o *autoconhecimento*. Comecemos, então, pela inteligência emocional.

Além das atividades que já mencionei anteriormente, sou mentora em uma plataforma de mentoria on-line chamada Meethub, que promove encontros individuais entre mentores e aprendizes de diversas áreas. É uma experiência que adoro, pois tenho contato com questões muito diferentes daquelas do meu mundo, amplio a minha rede de contatos, aprendo sempre algo novo e me realizo ao saber que, muitas vezes, consigo ajudar as pessoas a terem uma nova perspectiva diante de seus desafios.

Em 2022, o time da Meethub me convidou para dar uma aula sobre inteligência emocional. Surpresa com o convite, a minha reação foi a mesma de sempre: "Mas eu? Inteligência emocional? Quem sou eu para falar sobre isso?". Eles me disseram que era menos uma perspectiva técnica, e mais uma percepção sobre as minhas experiências corporativas. Então lá fui eu estudar e preparar uma aula sobre o assunto. Logo ficou evidente, para mim, que a inteligência emocional está no cerne das discussões sobre o profissional do futu-

GOLEMAN APRESENTA ESTUDOS QUE AFIRMAM QUE O QI CONTRIBUI COM APENAS CERCA DE 20% DOS FATORES QUE DETERMINAM O SUCESSO NA VIDA E NA CARREIRA. OS OUTROS 80% SÃO UMA COMPOSIÇÃO DE OUTRAS VARIÁVEIS, QUE VÃO DESDE A CLASSE SOCIAL ATÉ PURA SORTE, MAS UM PESO ENORME VEM DA SUA INTELIGÊNCIA EMOCIONAL.

@michelleschneider
O Profissional do Futuro

ro, então tomo a liberdade de compartilhar aqui minha visão sobre esse tópico — já deixando bem claro que estou longe de ser uma especialista no assunto.

O que é, afinal, inteligência emocional? Daniel Goleman, psicólogo e jornalista e uma das maiores autoridades no tema, define a inteligência emocional (IE) como "a capacidade de reconhecer, entender e gerenciar nossas próprias emoções, bem como reconhecer, entender e influenciar as emoções dos outros".[74] Ele expande o conceito de inteligência para além das habilidades cognitivas tradicionalmente medidas pelos testes de QI, argumentando que a IE é um conjunto de habilidades sociais e emocionais que são essenciais para o sucesso na vida.

Não é incomum percebermos que nem sempre os melhores alunos do colégio ou da faculdade são os que se saem melhor profissionalmente. Já pararam para pensar quais fatores entram em jogo, por exemplo, quando pessoas de alto QI fracassam e aquelas com um QI modesto se saem surpreendentemente bem? Goleman apresenta estudos que afirmam que o QI contribui com apenas cerca de 20% dos fatores que determinam o sucesso na vida e na carreira. Os outros 80% são uma composição de outras variáveis, que vão desde a classe social até pura sorte, mas um peso enorme vem da sua inteligência emocional.[75] Saber que uma pessoa é um excelente aluno (ou seja, que ela é hábil em obter boas notas), nada nos diz sobre como ela vai reagir às adversidades da vida.

A inteligência emocional engloba a capacidade de criar motivações para si próprio e de persistir em um objetivo apesar dos percalços; de controlar impulsos e saber aguardar pela satisfação de seus desejos; de se manter em bom estado de espírito e de impedir que a ansiedade interfira na capacidade de raciocinar; de ser empático e autoconfiante.

Fazendo uma simplificação, podemos traçar uma correlação de QI e QE com as habilidades técnicas e comportamentais de que falamos no capítulo 3, em que o QI está relacionado às habilidades cognitivas (hard skills) e o QE às habilidades socioemocionais (soft skills). Mas se o QI é responsável por apenas 20% do sucesso na vida, por que será que o foco da nossa educação, nas escolas e, muitas vezes, até dentro de casa, sempre foi muito maior no desenvolvimento do QI do que do QE?

Acredito que esse fato decorre principalmente de uma herança histórica e cultural. Como já falamos no capítulo 2, os sistemas educacionais modernos foram moldados para atender às demandas da Revolução Industrial, priorizando habilidades técnicas e acadêmicas, o que se refletiu em uma ênfase maior no desenvolvimento cognitivo. A facilidade de quantificar o QI — em comparação com a natureza mais subjetiva e complexa do QE — fez com que o primeiro fosse mais valorizado e considerado um indicador confiável de potencial e sucesso futuro. Em uma sociedade obcecada pelo conceito de meritocracia, tornou-se imperativo que os processos seletivos (fossem eles provas, vestibulares ou entrevistas de emprego) fossem objetivos e mensuráveis. Mesmo que a gente saiba que habilidades socioemocionais são tão importantes quanto as cognitivas (ou, provavelmente, *mais* importantes), como criar um teste capaz de medir isso em larga escala, tal qual um Enem ou uma Fuvest? Esses obstáculos práticos ainda perduram, dificultando essa mudança de paradigma tão urgente dentro do mundo da educação.

Felizmente essa tendência está dando sinais de mudança, especialmente à luz de pesquisas recentes que destacam a importância do QE, tanto na educação quanto no mercado de trabalho.

No campo da educação, uma metanálise significativa de 668 programas de Aprendizado Social e Emocional (SEL, na sigla em inglês), abrangendo do pré-escolar ao ensino médio em escolas do mundo todo, evidencia os benefícios de ajudar crianças a desenvolver autoconsciência e confiança, controlar emoções e impulsos disruptivos e aumentar a empatia. Esses esforços resultam não apenas em melhor comportamento, mas também em um aprimoramento significativo do desempenho acadêmico. Com isso, temos visto um número cada vez maior de escolas, em diversos países, integrando competências socioemocionais no currículo escolar.[76] No Brasil, essa tendência é exemplificada pela implementação da Base Nacional Comum Curricular (BNCC), que, desde 2017, exige que todas as escolas brasileiras incorporem habilidades socioemocionais em seus currículos.[77]

Um exemplo prático de uma escola que tem feito isso com maestria está em Illinois, em que modelos de aprendizagem em habilidades de SEL vêm sendo estabelecidos em todas as séries, desde o jardim de infância até o último ano do ensino médio. Tomando apenas um exemplo de um currículo notavelmente detalhado e abrangente: nos primeiros anos do ensino fundamental, os alunos devem aprender a reconhecer e classificar com precisão os seus sentimentos e como eles os levam a agir. Nas séries do segundo ciclo fundamental, as atividades de empatia devem tornar a criança capaz de identificar as pistas não verbais de como outra pessoa se sente; nos últimos ciclos do fundamental, devem ser capazes de analisar o que gera estresse nelas ou o que as motiva a ter desempenhos melhores. E, no ensino médio, as habilidades SEL incluem ouvir e falar de modo a solucionar conflitos em vez de agravá-los, e negociar saídas em que todos saiam ganhando.[78] Sabendo que a infância e a adolescência são ótimas oportunidades para determinar os hábitos emocionais que governarão a nossa vida, programas como esses são fundamentais na preparação de nossos jovens para a vida.

No universo profissional, também já percebemos uma mudança nos parâmetros de avaliação. Agora, além da inteligência, formação acadêmica e especializações, as habilidades interpessoais estão se tornando critérios decisivos para contratações, demissões, promoções e, especialmente, definição de posições de liderança. Durante os processos seletivos, essas competências são frequentemente analisadas, mesmo que de maneira não explícita. Se você faz parte de uma grande empresa, é provável que esteja sendo avaliado nestes aspectos, mesmo sem ter consciência disso. Independentemente do seu papel profissional, desenvolver essas habilidades é crucial para o avanço da sua carreira.

Simon Sinek é um autor, palestrante e consultor que ganhou notoriedade após o seu excelente TED Talk "Comece pelo porquê" se tornar viral. Sinek é considerado uma autoridade em liderança e cultura organizacional. Em um de seus vídeos no YouTube, chamado "Confiança vs. desempenho", ele compartilha uma experiência interessante que teve ao colaborar com os SEALS, a força de elite da marinha americana. Ele questionou os integrantes da organização para descobrir como escolhiam os membros do SEAL Team 6, conhecidos por serem os melhores entre os melhores. A resposta, que ele expressou em formato de gráfico, é reveladora.[79]

Afinal, o que pesa mais: ser competente ou ser confiável?

É evidente que ninguém deseja ter em sua equipe uma pessoa pouco confiável e com baixo desempenho. Naturalmente, a preferência recairá sobre indivíduos que tenham alto desempenho e, ao mesmo tempo, sejam de elevada confiança. Contudo, a descoberta interessante é que indivíduos de desempenho médio, mas altamente confiáveis, são amplamente preferidos a membros de alto desempenho, mas pouco confiáveis.

Os SEALs reconheceram que a presença de membros que, apesar de exibirem desempenho superior, introduzem uma atmosfera prejudicial ao time, pode ser mais nociva do que benéfica, devido à criação de uma dinâmica tóxica dentro do grupo. Nesse contexto, muitos preferem optar por profissionais com desempenho mediano, ou até mesmo abaixo da média, mas que se destacam em termos de inspirar confiança. É claro que um nível mínimo de performance ainda é exigido, afinal estamos falando de militares envolvidos em missões de alto risco. Mas, uma vez que esse critério é atingido, o que vemos é que a confiança passa a contar *mais* do que a performance. Poder confiar em seu líder ou parceiro é, muitas vezes, mais valioso do que contar com as habilidades excepcionais de um indivíduo que afeta negativamente o grupo.

Essa narrativa ilustra vividamente a importância da inteligência emocional no ambiente de trabalho. Se soldados de elite, que confiam sua vida uns aos outros cegamente, entenderam que a alta performance não compensa uma presença tóxica, por que muitas corporações ainda toleram líderes antiéticos, imorais e abusivos? Sinek aponta para um desequilíbrio nas métricas corporativas, em que o desempenho é mensurável, e a confiança, muitas vezes, negligenciada. A consequência é a promoção inadvertida focada apenas na performance. Tal mentalidade tem como efeito promover a toxicidade de alguns profissionais, o que, no longo prazo, prejudica a cultura e a sustentabilidade de toda a corporação. A ironia, segundo Sinek, reside na facilidade de identificar os membros tóxicos de uma equipe. Nas palavras dele: "Você pode chegar para qualquer pessoa e perguntar: 'Quem é o babaca do time?'". Na vasta maioria das vezes, todo mundo vai apontar a mesma pessoa.

Já vivi uma situação similar. Em um momento da minha carreira, já como líder de um time de vendas, tive na minha equipe um dos melhores executivos de vendas que já vi em toda a minha carreira. Focado, determinado, organizado, analítico e ambicioso. Preparava-se meticulosamente para cada reunião, sempre com novas ideias, e era tecnicamente impecável, não me causando nenhum transtorno. Só que, ao mesmo tempo que existiam todas essas habilidades, o seu perfil comportamental era delicado: estava sempre insatisfeito, criticava todos na equipe, incluindo a liderança e os colegas, e se considerava superior aos demais. Esse executivo era exatamente o tipo de pessoa mencionada no gráfico: um top performer, mas que inspira baixa confiança. Embora atingisse todas as metas e elevasse o patamar da equipe, acabou deteriorando o ambiente de trabalho. Com o tempo, percebi uma insatisfação crescente e um clima tóxico se instalando no time. Acabei demitindo este profissional. Seu substituto, apesar de não possuir o mesmo nível técnico, garra ou excelência, tinha um comportamento mais positivo e colaborativo. Em pouco tempo, o clima da equipe melhorou de maneira significativa. Como líder, tive de investir mais no desenvolvimento técnico deste novo executivo, mas o impacto de um ambiente de trabalho positivo foi imensurável.

A parte boa é que o nosso nível de inteligência emocional não está fixado geneticamente nem se desenvolve apenas no começo da infância. Ao contrário do QI, que pouco se modifica depois dos nossos anos de adolescência, tudo indica que a inteligência emocional pode ser, em grande parte, desenvolvida no transcorrer da vida, com as experiências que acumulamos. Apesar de ser muito mais difícil ensinar equilíbrio emocional do que ensinar história, matemática ou português, estudos que acompanharam alterações no nível de inteligência emocional em diversas pessoas, ao longo dos anos, mostraram que estamos sempre nos aprimorando, à medida que aprofundamos a capacidade de lidar com as próprias emoções e os próprios impulsos, de motivar a nós mesmos, e apuramos a nossa empatia e o nosso traquejo social.

Na prática, Goleman sugere que, para desenvolvermos inteligência emocional, precisamos aprimorar essas cinco habilidades-chave:[80]

1) **Autoconsciência:** reserve momentos para refletir sobre as suas emoções e reações, mantenha um diário emocional para registrar as suas emoções e os eventos que as provocam, e busque feedback regular de colegas e superiores sobre o seu comportamento.
2) **Autogestão:** adote técnicas de gerenciamento de estresse, como respiração profunda, meditação ou ioga, desenvolva autocontrole para manejar impulsos e responder apropriadamente em contextos emocionais, e cultive adaptabilidade, mantendo-se aberto a mudanças e disposto a ajustar as suas estratégias conforme necessário.

NÃO HÁ PROVAS OU NOTAS NO MUNDO DA INTELIGÊNCIA EMOCIONAL — A PRÓPRIA VIDA É A PROVA FINAL.

@michelleschneider
O Profissional do Futuro

3) **Motivação:** estabeleça e persiga metas significativas, mantenha uma atitude positiva diante dos desafios e busque encontrar satisfação tanto pessoal quanto profissional nas suas atividades.
4) **Empatia:** pratique escuta ativa, esforçando-se para compreender verdadeiramente as perspectivas alheias. Dedique-se a entender as emoções dos outros e valorize e respeite as diferentes experiências e pontos de vista.
5) **Habilidades sociais:** foque a comunicação de suas ideias e de seus sentimentos de maneira clara e respeitosa. Desenvolva habilidades para resolver conflitos de modo construtivo e colaborativo, assim como esforce-se para trabalhar bem em equipe, contribuindo para um ambiente cooperativo.

O impacto iminente das IAs no mercado de trabalho ressalta ainda mais a necessidade de nos fortalecermos, não apenas como um meio de navegar por essas incertezas profissionais, mas também para manter o nosso equilíbrio. Em um mundo no qual a mudança é a única constante, a capacidade de gerenciar emoções, adaptar-se a novos contextos e manter relações interpessoais positivas torna-se mais do que uma habilidade desejável; torna-se um imperativo para a sobrevivência.

Não há provas ou notas no mundo da inteligência emocional — a própria vida é a prova final. Quando o QE alcançar a mesma prevalência e importância do que o QI na avaliação das capacidades humanas, acredito que veremos um impacto positivo nas famílias, nas instituições educacionais, nos locais de trabalho e na sociedade em geral. Viveremos em um mundo mais humano e consciente.

Autoconhecimento: há sempre um ser humano por trás de um profissional. Você sabe quem é você?

"Quem olha para fora, sonha; quem olha para dentro, desperta."
— Carl Jung[81]

Desde que me entendo por gente, a noção de produtividade ditou as minhas ações. Eu era uma máquina. Racional, prática, sem tempo para perder, vivia uma rotina pautada por entregar resultados, exceder metas e galgar posições. No centro disso, havia o trabalho — esse motor que nunca parava, que eu mesma não sabia onde desligar, e nem queria. Eu amava trabalhar.

Até que, em fevereiro de 2016, o meu corpo reagiu. Ignorei o quanto consegui, mas o problema se impôs: erupções cutâneas apareceram na minha pele, minha boca e língua estavam ficando cobertas de bolhas. Algo estava muito estranho. Marquei uma consulta com um infectologista, mas fui vestida para a noite, já que sairia de lá e seguiria direto para tocar em uma festa. Mal sabia eu que sairia direto do consultório para o hospital.

Uma bateria de exames depois, ninguém sabia dizer o que eu tinha. Diante da incerteza, e dos sintomas que só pioravam, fui isolada em uma área do hospital, proibida de receber visitas e de ter contato com outros pacientes. Fiquei ali por oito dias. Durante esse tempo, tive uma reação alérgica fortíssima a um dos medicamentos, o que fez com que as erupções se agravassem ainda mais. Minha boca ficou em carne viva. Não conseguia falar, não conseguia comer, e o pior de tudo: não tinha ideia do que estava acontecendo comigo. Foi ali que, pela primeira vez, a ideia de morrer me tomou de assalto. E se fosse algo grave? Teria valido a pena toda a minha trajetória até então?

Pode parecer um clichê, mas aquele foi o meu primeiro despertar. A primeira "cutucada" que senti, forte o bastante para iniciar uma etapa de tomada de consciência. Estava, afinal, fazendo o que *eu* realmente queria? Sim, aprender coisas novas, aproveitar a vida, trabalhar muito, tudo isso era bom, mas desde que fosse feito por meio de um lugar consciente, profundo e honesto — e não uma fuga, um medo ou uma exibição para o outro. Comecei a perceber que muitas coisas que eu estava fazendo não eram para mim, não eram porque eu queria, mas sim para ser vista e, principalmente, aprovada pela sociedade.

O diagnóstico, anos depois, chegou. Eu tinha — e ainda tenho — uma doença autoimune chamada lúpus. Doenças como essa podem ficar dormentes por muito tempo, até que certas condições sirvam como gatilho. Ficou evidente que o gatilho, no meu caso, havia sido o estresse e o excesso de trabalho. Não me dava pausas, não me dava respiros, nem nos momentos de lazer. O estresse, uma hora, cobrou o seu preço.

Entre tantas consequências daquela crise, a mais importante foi que resolvi começar a cuidar de mim, a me tratar de maneira mais carinhosa e honesta. Comecei a pegar mais leve, passei a aceitar menos convites para tocar como DJ em eventos, voltei para a terapia, fiz alguns retiros com foco em me autoconhecer e resolvi fazer, pela primeira vez, um mapa astral (justo eu, que era tão cética). Não foi nenhuma surpresa que esse mapa tenha mostrado que a minha vida profissional não seria uma grande questão, mas que meu maior desafio nesta vida estava em lidar com as emoções.

Foi nesse contexto que a Lívia entrou na minha vida. Nós já éramos amigas há muitos anos, ambas nos relacionávamos apenas com homens, nunca tínhamos nos interessado uma pela outra ou sequer havia "rolado um clima" entre nós. Fizemos uma viagem juntas para a Chapada Diamantina e, em um dos passeios, fomos até uma cachoeira maravilhosa, em que fizemos uma meditação. Ali, olhamos uma para a outra e foi como se algo "clicasse" nas duas. Desde então, estamos juntas.

Nasci no interior de São Paulo. Saí de lá para ganhar independência financeira e pessoal. Sempre me orgulhei de contar sobre as minhas conquistas, porque isso fazia eu me sentir pertencente, sendo aprovada pela minha família e pela sociedade. E, de repente, eu estava vivendo um amor teoricamente proibido. A chegada da Lívia foi muito mais do que o início de um romance. Foi um terremoto que me fez ressignificar todas as minhas referências e crenças do que era certo, do que era errado, do que eu desejava e, enfim, do que realmente necessitava como ser humano.

Eu, que sempre fui uma pessoa tão cerebral, me vi submersa em um mar de emoções. Antes da Lívia, algumas amigas mais próximas me chamavam de "Bibi coração gelado" (Bibi é meu apelido de infância), porque eu não era uma pessoa de chorar com filmes tristes, era muito difícil me apaixonar, não era de me emocionar. Você já viu aquele filme *O amor não tira férias*, em que a personagem interpretada por Cameron Diaz se força a chorar e não consegue? Eu me sentia como essa personagem. E, para ser sincera, achava isso uma virtude, pois esse "não sentir" me fazia acreditar que nada me derrubaria na vida. A verdade é que eu havia me tornado mestre em reprimir as minhas emoções.

Só que, de repente, toda aquela vulnerabilidade e as novas experiências me transformaram. Quanto mais eu me conhecia e mais

DOR E AMOR. ACREDITO QUE ESSES SEJAM OS CATALISADORES MAIS PODEROSOS DE QUALQUER TRANSFORMAÇÃO.

@michelleschneider
O Profissional do Futuro

me propunha a me encarar de frente, mais eu sentia que tinha aberto uma porta que eu mantivera fechada a sete chaves até então. É difícil colocar em palavras, mas realmente foi como se eu estivesse atravessando um portal. Essa experiência me revelou que, quando os sentimentos se intensificam, a parte emocional de nossas mentes toma as rédeas, deixando a racionalidade em um distante segundo plano. Passei a ser uma pessoa muito mais sensível, mais humana, e ouso dizer: mais presente na vida. Percebi que o sentir é tão importante quanto o pensar e fazer, e que os sentimentos têm o poder não apenas de transformar as nossas crenças e essência, e sim de literalmente redefinir a nossa realidade.

Hoje, sou dessas pessoas que choram até com propaganda de margarina. Por meio da dor de uma doença, somada ao amor de uma nova paixão, pude finalmente integrar emoções que há muito eram negligenciadas. **Dor e amor. Acredito que esses sejam os catalisadores mais poderosos de qualquer transformação.**

A frase que abre este capítulo é de Carl Jung, um psiquiatra e psicanalista suíço que fundou a psicologia analítica. Ela reflete a ideia de que, ao olhar para fora, as pessoas se perdem em desejos e sonhos, mas, ao olhar para dentro e enfrentar o próprio eu, alcançam o verdadeiro despertar e autoconhecimento. Jung é amplamente reconhecido por seu trabalho sobre a relação entre a psicologia e a espiritualidade, e defende a ideia de que todos temos uma "sombra". A sombra refere-se à parte inconsciente da personalidade, a qual contém traços, desejos, impulsos e memórias reprimidos ou negados. Durante a infância e ao longo da vida, aprendemos o que é considerado "aceitável" ou "bom" pelo ambiente social, familiar e cultural em que estamos inseridos. Como resultado, certos aspectos da personalidade são incentivados, enquanto outros são desencorajados ou reprimidos. Aquelas partes de nós que não se encaixam na imagem idealizada que temos de nós mesmos, ou nas expectativas sociais, são frequentemente "empurradas" para a sombra. Essas são as partes de nós mesmos que em geral não vemos, não reconhecemos ou negamos.

Jung acreditava que enfrentar e integrar a sombra era um passo crucial no processo de *individuação* — termo que usava para descrever a jornada de uma pessoa para se tornar quem ela é de verdade. Integrar a sombra envolve reconhecer, aceitar e, em alguns casos, expressar ou viver esses aspectos reprimidos de maneira saudável e construtiva.

Muitas vezes, optamos por viver a vida que a gente acha que os outros esperam de nós, por medo de passar por esse desconforto, por medo de desagradar os outros. No entanto, se de fato desejamos crescer e evoluir, é preciso mergulhar profundamente em nós mesmos. Para quem anseia por crescimento genuíno e deseja aprimorar a consciência, é essencial ir além do superficial. Quando falamos de conceitos como autoconhecimento e "iluminação", as pessoas tendem a pensar em epifanias maravilhosas, em arroubos de felicidade enquanto meditamos no topo de alguma montanha. A verdade é que o autoconhecimento é um processo muito mais disruptivo do que harmônico. É sobre contestação e reconstrução, e só poderia ser assim. É preciso atravessar a dor e o caos que esse processo exige para colher uma nova ordem, dentro da qual a gente se sinta mais inteiro. Sim, é um processo custoso e desagradável, mas é libertador.

A minha porta de entrada para o autoconhecimento foi encarar uma das minhas sombras ao me apaixonar por uma mulher. Tinha muita coisa dentro do meu ser que eu até então não tinha visitado. Descobrir o meu verdadeiro eu foi — e vem sendo — um processo que provocou rupturas dentro e fora de mim. Venho de uma família bem conservadora, e contar para os meus pais que estava namorando uma mulher foi um dos momentos mais difíceis da minha vida. Quebrar essa expectativa foi um dos maiores atos de coragem que a vida me pediu.

Na minha família, assim como em tantas outras famílias da minha geração, o autoconhecimento não fazia parte da educação dada aos filhos. Tive uma base muito forte em relação a valores, religião, carreira, organização financeira e, principalmente, muito amor. Sei que sou muito privilegiada por ter crescido em um ambiente com tanto afeto, e serei eternamente grata por isso. Mas alguns assuntos nunca eram conversados entre nós.

Diferentemente da minha, a família da Lívia sempre educou os filhos para que trabalhassem o autoconhecimento. Esse caminho era tão natural para ela que sempre dizia que a única coisa que poderia nos separar seria se eu não me propusesse a me desenvolver como ser humano. Ela me deu todo o suporte e a orientação nessa jornada e continua, até hoje, sendo a maior incentivadora para que eu me conheça cada vez mais e encontre aquilo que realmente faz sentido para mim.

Como não poderia deixar de ser, todo esse trabalho que realizei no âmbito pessoal teve consequências diretas no âmbito profissional (e só poderia ter, afinal, eu estava passando por uma profunda transformação). Ter uma noção mais clara dos meus próprios desejos, estar mais atenta aos sinais que a vida e, principalmente, o meu corpo estavam me dando (tive muitas questões delicadas de saúde nos últimos anos) foram questões que me fizeram sair do automático e priorizar o que o meu corpo e a minha mente me pediam naquele momento. Isso me deu forças para me libertar do medo de perder as coisas que a sociedade (e eu mesma, até então) valorizava tanto — assim como um cargo estável em uma grande empresa. Criei coragem para me lançar em novas empreitadas: do LinkedIn para o Google, do Google para o TikTok e muito mais. Aprendi coisas novas, me desafiei, me descobri, mas sentia que algo ainda estava faltando. Até que entendi que os meus desejos, naquele momento, estavam fora do mundo corporativo. Foi quando tomei a decisão mais arriscada da minha vida profissional: pedi demissão do TikTok — sem ter, pela primeira vez na vida, o próximo passo da minha carreira definido. Muitos amigos meus, pessoas que amo, me chamaram de louca. Por deixar um cargo de liderança em uma das empresas mais disputadas do momento, por abrir mão de dinheiro, estabilidade e status. Mas, depois de vinte anos de carreira corporativa, incluindo uma década em big techs, senti que era o momento de eu sair à rua e descobrir quem eu era, sem o sobrenome corporativo.

Se nunca tivesse olhado para dentro de mim, nunca teria encontrado a determinação para romper com todos esses lugares nos quais eu me sentia confortável, porém incompleta. Ao refinar a minha percepção sobre quem era, também acabei afiando o meu olhar para o mundo, para a minha capacidade de enxergar novos caminhos a serem trilhados e para a minha coragem de desbravar territórios ainda inexplorados.

Conhecer-se melhor do que um algoritmo

Em seu livro *21 lições para o século 21*, Yuval Noah Harari fala sobre a importância de nos conhecermos cada vez melhor para que não sejamos "hackeados" por algum algoritmo. Hoje em dia, falamos

E PARA NOS MANIPULAR, UM ALGORITMO NÃO PRECISA NOS CONHECER PERFEITAMENTE — ELE SÓ PRECISA NOS CONHECER MAIS DO QUE NÓS MESMOS. POR INCRÍVEL QUE PAREÇA, ISSO NÃO É TÃO DIFÍCIL QUANTO PARECE, AINDA MAIS EM UM MUNDO NO QUAL A MAIORIA DAS PESSOAS NÃO SE CONHECE TÃO BEM.

@michelleschneider
O Profissional do Futuro

muito sobre como hackear computadores, contas de e-mail, celulares e afins, mas você já parou para pensar que estamos entrando em uma era na qual nós, seres humanos, também poderemos ser hackeados?

O dicionário Cambridge define o termo "hacking" como a "atividade de usar um dispositivo para acessar informações armazenadas em outro sistema, sem permissão". Apesar de os seres humanos serem feitos de carne, osso e neurônios, é importante dizer que somos, sim, passíveis de hackeamento. E o que significa um ser humano ser hackeado? Significa que agentes externos podem penetrar a nossa consciência e, de certa maneira, influenciar as nossas ações. Isso vem sendo feito em larga escala por meio da coleta abusiva de informações pessoais, dos conteúdos sugeridos nas timelines e buscas, e da dopamina gerada pelos likes. O próprio modus operandi da maior parte das redes sociais é frequentemente comparado ao de um caça-níqueis, em que o ato de puxar a alavanca foi substituído pelo ato de rolar a tela para baixo. Enquanto esse processo hipnótico se desenrola, quem realmente está coletando algo de valor é a plataforma, que usa os seus hábitos e dados pessoais para fins lucrativos.

Pare para pensar no quanto esses algoritmos já "mandam" na gente. Afinal, já confiamos nas indicações da Netflix sobre o que assistir, nas recomendações da Amazon sobre o que comprar, no Google para saber o que é verdade ou mentira e no Waze para traçar um caminho para um lugar que não conhecemos. É inocente pensar que é gratuito baixar aplicativos e viver entregue ao que os seus algoritmos ditam. Como bem disse o ex-designer do Google, Tristan Harris: "Se você não está pagando pelo produto, então você é o produto".[82]

Algoritmos podem prever as nossas escolhas, tomar algumas decisões por nós e manipular os nossos desejos, principalmente se não estivermos atentos. Já parou para pensar em quanto tempo de qualidade está trocando — com a sua família, os seus amigos, os seus estudos e até mesmo durante o trabalho — para ficar horas e horas navegando em conteúdos que foram escolhidos para você? Quanto mais sinais dá para um algoritmo, mais ele conhece você. Enquanto ajuda a engajar um mercado bilionário, quem está no controle é o algoritmo, e não você. E para nos manipular, um algoritmo não precisa nos conhecer perfeitamente — ele só precisa nos conhecer mais do que nós mesmos. Por incrível que pareça, isso não é tão difícil quanto parece, ainda mais em um mundo no qual a maioria das pessoas não se conhece tão bem.

Eu me descobri bissexual aos 33 anos, mas em um futuro bem próximo estaremos tão monitorados pelas Inteligências Artificiais que é possível que elas peguem os primeiros sinais disso simplesmente analisando dados. Em 2017, a Universidade de Stanford desenvolveu uma IA capaz de adivinhar, com precisão, se uma pessoa é homossexual ou não. O estudo, que utilizou mais de 35 mil imagens faciais de homens e mulheres que estavam publicamente disponíveis em um website de relacionamentos dos Estados Unidos, descobriu que o algoritmo estava correto 81% das vezes quando era utilizado para descobrir a orientação sexual de homens, e 74% das vezes para mulheres, analisando apenas uma imagem por pessoa. A precisão aumentou para 91% quando o computador avaliou cinco imagens por pessoa. O algoritmo se saiu muito melhor do que os humanos, que acertaram em apenas 61% dos casos, para homens, e 54%, para mulheres.[83] As implicações éticas da existência desse tipo de tecnologia, obviamente, são inúmeras.

Imagine que uma pessoa esteja assistindo a um filme e veja uma cena de duas mulheres se beijando. O smartwatch vai notar uma mudança na frequência cardíaca dela que ela mesma pode não ter percebido, de tão sutil. Ou o algoritmo vai registrar que você assistiu até o fim a vídeos (que ele sugeriu para você) com a mesma temática. Ou vai notar que você passou a consumir conteúdos de influencers LGBT+. São pontos que, muitas vezes, nem a própria pessoa ainda foi capaz de ligar, mas o algoritmo foi. Isso vale para muitas outras áreas, não só a nossa orientação sexual.

Em um futuro próximo, os limites entre os dispositivos digitais e nosso corpo irão se borrar cada vez mais. Enquanto escrevo este parágrafo, recebo a notícia de que a Neuralink, empresa que pertence a Elon Musk, acabou de implantar o seu primeiro chip em um cérebro humano.[84] Que tipo de informações um dispositivo implantado em nosso cérebro poderá coletar? Será que chegaremos a um ponto em que algoritmos irão nos dizer o que comer, a que horas dormir, com quem nos casar, onde trabalhar e qual faculdade devemos cursar? Diante de um cenário de ataque crescente à nossa privacidade (e até mesmo ao nosso subconsciente!), é imperativo investir em autoconhecimento, para garantir que as nossas decisões sejam ***nossas***, não dos algoritmos.

Empoderamento profissional

Já falamos sobre a importância de nos conhecermos como seres humanos. Agora precisamos focar também no autoconhecimento e empoderamento enquanto profissionais. Compreender as nossas habilidades, a natureza humana, as preferências e os estilos de trabalho não apenas nos posiciona estrategicamente no mercado, mas também nos capacita a navegar com mais direcionamento e leveza pelas ondas de mudança.

Ao longo da carreira, fiz vários testes comportamentais, que são ferramentas utilizadas para avaliar e compreender características comportamentais, preferências de trabalho, estilos de comunicação e de liderança, bem como as motivações de uma pessoa. Esses testes são frequentemente utilizados em contextos profissionais para auxiliar no desenvolvimento pessoal, no recrutamento e na formação de equipes, e proporcionam insights valiosos que ajudam a otimizar a colaboração e aumentar a eficiência dentro das organizações. Esses estudos são ferramentas poderosas que nos ajudam a entender quais são os nossos principais talentos e forças.

Existem diversos tipos de testes comportamentais atualmente. Os mais conhecidos são: MBTI, Insights Discovery, DISC, StrengthsFinder, Hogan, PI, Quantum, Big Five e Grafológico. O nível de acurácia de algumas dessas ferramentas beira os 100%. Devo ressaltar que, caso você realize o preenchimento de um inventário comportamental hoje e outro daqui alguns anos, é natural que haja diferenças nos resultados, já que somos pessoas em constante evolução.

A primeira vez que fiz um teste desse tipo foi no LinkedIn, o Insights Discovery, que é uma ferramenta de desenvolvimento pessoal e profissional baseada na teoria dos tipos psicológicos de Carl Jung. É amplamente utilizada para melhorar a autoconsciência, promover a eficácia pessoal e ajudar a melhorar a dinâmica de equipe e a comunicação no ambiente de trabalho.

O teste classifica as personalidades em quatro cores principais, cada uma representando traços de comportamento distintos:

→ **Vermelho (direto e decidido):** representa qualidades como competitividade, assertividade e determinação. Pessoas com forte elemento vermelho em seu perfil são pragmáticas, orientadas para resultados e decididas.

- → **Amarelo (sociável e dinâmico):** este tipo é otimista, sociável e comunicativo. Pessoas com forte inclinação amarela são extrovertidas, persuasivas e gostam de motivar os outros.
- → **Verde (cuidadoso e deliberado):** indivíduos com uma predominância verde são tranquilos, solidários e focados em manter harmonia e estabilidade. Valorizam relacionamentos e são bons ouvintes.
- → **Azul (preciso e metódico):** pessoas com um perfil azul dominante são detalhistas, precisas e analíticas. Valorizam a ordem e a organização, e trabalham meticulosamente para garantir a qualidade e a precisão.

Ao ver o resultado do meu teste, descobri que havia uma predominância marcante nas cores vermelha (89%) e amarela (89%), indicando uma forte inclinação para liderança dinâmica e comunicação eficaz. Por outro lado, encontrei desafios com a cor verde (31%), associada à cooperação e estabilidade, e ainda mais com a cor azul (11%), que representa habilidades analíticas e atenção aos detalhes. Então, a minha primeira reação foi: vou focar no desenvolvimento do azul, meu lado analítico, já que é aqui que "não sou boa".

Porém, durante o workshop que tivemos com os profissionais da consultoria que realizou o teste, eles disseram que o caminho era exatamente o contrário: o segredo para o desenvolvimento pessoal e profissional não reside em lutar para ser mediano em áreas de fraqueza, mas sim em cultivar e expandir as nossas forças. Disseram que, se focamos no que não é força, vamos empreender um esforço enorme para atingir um resultado mediano, ao passo que focar nas habilidades naturais pode permitir que alcancemos excelência com menos esforço e maior satisfação.

Para minimizar nossos pontos fracos, podemos melhorar algumas das nossas características, mas especialmente podemos nos complementar com pessoas de estilo comportamental oposto ao nosso. Ao mesmo tempo, para potencializar nossos pontos fortes, podemos fazê-lo melhorando nossas competências pessoais ou nos complementando com pessoas que tenham um estilo comportamental semelhante ao nosso, fazendo-nos multiplicar o que temos de melhor.

Então, nesse contexto, o ideal é que possamos ter junto conosco pessoas que nos complementam e nos dão aquilo que não temos e, também, pessoas que nos alavancam multiplicando o que temos de melhor. O todo se faz pela soma das partes, e não a partir de uma parte somente.

Com isso em mente, proponho uma reflexão profunda sobre como construir um plano de ação personalizado que esteja alinhado ao seu perfil comportamental: como podemos identificar e aproveitar oportunidades que ressoem com os nossos talentos naturais? Como podemos aprimorar habilidades que potencializem as nossas forças? Como nos cercar das pessoas certas, sejam as que nos complementam, sejam as que nos alavancam? E como podemos comunicar essas competências de modo eficaz no ambiente profissional?

Se você ainda não experimentou um teste comportamental, existem diversas opções de graça na internet. Uma sugestão é a versão freemium do DISC da ETALENT, que você pode acessar pelo QR code abaixo. Ele fornece insights valiosos sobre o seu perfil comportamental. Entender esses aspectos pode não apenas prepará-lo melhor para os desafios profissionais mas também maximizar o uso de suas competências naturais, transformando-as em verdadeiros diferenciais no mercado de trabalho.

Acesse o QR Code
para testar uma ferramenta gratuita
de perfil comportamental

NÃO EXISTE SUCESSO PROFISSIONAL SEM SAÚDE MENTAL.

@michelleschneider
O Profissional do Futuro

CAPÍTULO 6 — SAÚDE MENTAL: RESILIÊNCIA, FLEXIBILIDADE E AGILIDADE

Não existe sucesso profissional sem saúde mental

Em seu livro *Você aguenta ser feliz?*, Nizan Guanaes escreve: "Cuidar da saúde mental é coisa destes nossos tempos. Não é coisa de perdedor ou de gente frágil. Cuidar da saúde mental é para todos. É coisa do CEO, do empreendedor, do atleta e de todos os seres modernos".

A Organização das Nações Unidas (ONU) divulgou, recentemente, a maior revisão sobre a saúde mental mundial desde a virada do século. De acordo com o relatório apresentado, quase 1 bilhão de pessoas vivia com algum transtorno mental em 2019.[85] Detalhe: isso foi antes da pandemia, que agravou ainda mais esses números. Os dados coletados nesse mesmo estudo mostram o Brasil como líder mundial em índices de ansiedade, com aproximadamente 20 milhões de pessoas afetadas, o que representa quase 10% da população. Em relação à depressão, estima-se que existam 300 milhões de casos ao redor do globo, dos quais 12 milhões estão no Brasil, posicionando o país como o mais afetado na América Latina e o segundo no ranking global, atrás apenas dos Estados Unidos.[86] Além disso, outro estudo aponta o Brasil como o segundo país do mundo com o maior número de casos de burnout, ficando apenas atrás do Japão. A prevalência de burnout no Brasil atinge cerca de 15% da população economicamente ativa, refletindo as intensas demandas e pressões do ambiente de trabalho moderno, no qual a falta de equilíbrio entre vida pessoal e profissional se torna cada vez mais comum.

A problemática em torno da saúde mental no século XXI não é um fenômeno novo. Há alguns anos, especialistas na área de saúde já alertavam que a depressão se tornaria a condição mais incapacitante do mundo até 2030, uma previsão que a pandemia — e suas consequências — sem dúvida acelerou. Além disso, segundo a Organização Mundial da Saúde (OMS), quase 1 milhão de pessoas cometem suicídio anualmente no mundo, um número alarmante.[87] O suicídio figura entre as principais causas de morte entre jovens em todas as nações, incluindo as mais pobres.

Hoje em dia, o conceito de saúde mental vai além da simples ausência de distúrbios psicológicos; ele está profundamente ligado ao nosso bem-estar geral e à qualidade da vida que levamos. Isso envolve a habilidade de manter um equilíbrio emocional e psicológico que nos permita desenvolver interesses e habilidades, além de gerenciar efetivamente os nossos pensamentos e emoções diante de variadas situações e desafios. A saúde mental abrange também a capacidade de estabelecer relações estáveis, ter vida social ativa, buscar um propósito de vida e cultivar hábitos saudáveis. Em resumo, é sobre dotar-se das ferramentas necessárias para cuidar de si mesmo e para viver em harmonia com o mundo ao seu redor.

As doenças da mente são, em boa parte, resultado da interação com o meio em que vivemos e o estilo de vida que levamos. Portanto, para ter uma vida plena, é essencial monitorar e investir continuamente em nosso próprio bem-estar. E essa responsabilidade é de cada um. Não dá para terceirizar. Vivemos em uma cultura em que nos acostumamos a dar atenção e buscar logo um médico quando sentimos dor ou notamos algum sintoma físico, mas a maioria das pessoas não trata com a mesma seriedade alguma perturbação no nível psicológico. No entanto, assim como acontece com o corpo, quanto mais cedo os sintomas psicológicos forem identificados e abordados, mais alternativas de tratamento existirão, com mais chances de bons resultados. Com o diagnóstico precoce, é possível começar a tratar o problema antes que ele se torne crônico e cause prejuízos.

Sintomas como humor deprimido, irritabilidade excessiva, fadiga constante, problemas de sono, isolamento social e compulsão alimentar podem indicar a presença de transtornos mentais, especialmente se estiverem interferindo em nossa rotina e nos impedindo de levar a vida que desejamos. Quanto mais rapidamente identificarmos e abordarmos essas questões, melhor será. A prevenção é a chave para a saúde mental.

Eu tinha acabado de trocar de emprego. Sempre fui dessas que emenda um trabalho no outro, e nas duas últimas vezes que havia migrado de empresa, cometi o erro grave de não tirar férias entre um trabalho e outro. Assim que entrei nesse novo emprego, não estava me sentindo bem fisicamente. Sentia muitas dores nas costas, a ponto de ter de trabalhar em pé. Não sabia o que eu tinha, e meu médico demorou muito para dar um diagnóstico. Segundo ele, os meus exames não justificavam a dor que sentia. Fiquei meses sofrendo, me entupindo de analgésicos e anti-inflamatórios, sem saber que o que eu tinha era uma hérnia de disco extrusa, ou seja, o pior estágio da hérnia de disco, e em tese um diagnóstico que deveria ter sido simples.

Quando enfim recebi o laudo, já estava à beira de uma cirurgia. Mas morria de medo de operar a coluna. Cresci com a minha mãe, que também teve hérnia de disco, dizendo que não se opera a coluna, uma vez que qualquer erro cirúrgico pode deixar você paraplégico. Um ano antes do meu diagnóstico, uma grande amiga que operou a hérnia sofreu um erro médico e quase morreu na cirurgia. Então você pode imaginar o meu medo. Lutei tudo o que pude para não operar e cheguei a ficar quarenta dias sem sair da cama para ver se a hérnia regredia — e tudo isso aconteceu como recém-chegada no novo emprego, trabalhando deitada da minha cama, de câmera fechada. Nem preciso dizer que, para uma pessoa elétrica como eu, essa experiência de dor e imobilidade me jogou no fundo do poço.

Não sabia que dava para uma pessoa sentir tanta dor. Lembro-me de que, nessa época, acabei assistindo a uma série chamada *Dopesick*, cuja abertura traz a seguinte frase: "Quando uma pessoa está com uma dor física muito profunda, ela não consegue amar, ela não consegue viver, ela não consegue nada, pois a única coisa que ela vive é a dor". Era exatamente como eu me sentia: vivia com uma dor insuportável, que persistia vinte e quatro horas por dia, e a qual remédio nenhum conseguia me fazer esquecer. Ou seja, eu realmente tive de, pela primeira vez, sentir e viver a dor, sem poder fugir dela.

Após os quarenta dias de repouso absoluto, com muitos médicos, fisioterapeutas, medicações, injeções, acupuntura e tudo o que você puder imaginar, não teve jeito: fui para a sala de cirurgia. Quando voltei para o quarto do hospital, na primeira vez em que me sentei para ir ao banheiro (depois de meses sem conseguir fazer esse movimento porque comprimia o meu nervo), eu me acabei de chorar. Minha irmã, que estava comigo, ficou assustada achando que eu estava com dor, mas era o contrário. Chorava de alívio por poder fazer isso sem sentir dor.

Assim que o meu processo de recuperação acabou, a minha primeira reação foi: agora vou para cima. Vou compensar o "tempo perdido", dar o meu máximo no trabalho. Afinal, ainda estava em um emprego novo e sabia que não tinha conseguido mostrar, nem de perto, o meu verdadeiro potencial. Porém, o que não havia percebido era que, apesar de ter resolvido a minha questão física, o meu emocional e o psicológico ainda estavam extremamente abalados. Mesmo sem sentir mais dor, comecei a não dormir mais, e isso foi virando uma bola de neve. Sem dormir, ficava extremamente irritada por qualquer motivo, e muitas vezes impaciente com a minha equipe. Estava em uma função de liderança, mas me sentia no fundo do poço. Como faz para inspirar o seu time em uma situação como essa?

Foi um dos momentos mais difíceis da minha vida profissional. Sem perceber, me afastei de tudo o que me fazia voltar para os eixos. Não praticava mais esporte, não estava mais meditando, não zelava pelo meu sono, nem tocar como DJ eu tocava mais. Estava completamente desconectada da música e de mim mesma. Tudo isso resultou na pior performance que já tive em toda a minha carreira. Mas, apesar de estar nesse "fundo do poço", não era tão claro para mim que estava passando por uma crise de saúde mental — e estava menos claro ainda que deveria procurar ajuda profissional.

Foi em uma visita ao meu reumatologista (que visito a cada três meses para acompanhar o lúpus) que tudo mudou. Quando me viu, ele ficou assustado, me disse que eu estava com todos os sintomas de um burnout, que precisava parar ou que, em breve, o meu corpo me pararia. Perguntou quando havia sido a última vez que eu tinha tirado férias. Respondi que, fora uma semana ou outra de feriado, não tirava férias longas há mais de quatro anos. Então ele insistiu que eu pedisse férias, me disse até que me daria uma licença médica. Mas eu, que sempre me cobrei muito, não tive coragem de falar nada no trabalho. Achava que, se dissesse que precisava de mais um tempo (já tinha tirado um tempo quando havia operado a coluna), seria um sinal de que não estava dando conta do recado. Para alguém que sempre entregou tudo em qualquer emprego, não queria essa sensação de "derrota".

O termo "burnout" foi popularizado na década de 1970 pelo psicólogo americano Herbert J. Freudenberger.[88] Usou essa palavra para descrever o estado de exaustão observado em profissionais da área da saúde que trabalhavam em clínicas para tratamento de dependência química. Estes profissionais, apesar de inicialmente estarem muito motivados e comprometidos com o trabalho, com o tempo começavam a demonstrar sinais de apatia, desilusão e exaustão física e emocional. Freudenberger comparou esse processo ao de uma vela que "queima até o fim" — daí a origem do termo burnout. Após as observações iniciais dele, muitos estudos foram conduzidos para entender melhor o fenômeno, e o conceito de burnout expandiu-se para além da área da saúde.

Há um mecanismo que prepara o nosso corpo para reagir a ameaças, acelerando a frequência cardíaca e liberando hormônios do estresse, como a adrenalina e o cortisol. Esse mecanismo tem forte impacto sobre as nossas células imunológicas. Em tempos antigos, essa resposta era vital para a nossa sobrevivência quando estávamos caçando, por exemplo. No entanto, no mundo moderno, essa reação é frequentemente acionada por estressores diários que não representam ameaças físicas diretas. Muitos trabalhos nos deixam continuamente em estado de alerta, de estresse constante e intenso, sem tempo adequado para recuperação. Essa conjuntura pode levar ao esgotamento de recursos emocionais e físicos, culminando no burnout.

Pessoas que experimentam esse estado se sentem esgotadas e incapazes de cumprir as suas responsabilidades diárias. E o burnout não é apenas um simples cansaço ou fadiga. Não é questão de trabalhar muitas horas ou de estar infeliz com o que se faz. É uma combinação perigosa entre fatores externos e a maneira como o nosso corpo responde ao estresse, o que leva a uma condição que afeta a saúde mental e física, e que pode ter consequências graves. Muitas das pessoas que desenvolvem burnout são competentes e realizadas na profissão, e por isso mesmo não percebem o seu envolvimento exagerado, o alto nível de perfeccionismo e a autocobrança por produtividade. Negligenciam horas de sono e de lazer, pulam refeições, deixam de se exercitar e sacrificam o tempo com a família e amigos para continuar trabalhando, até que o corpo e a cabeça pifam.

Agora, voltando ao momento em que não tive coragem de dizer no trabalho que estava beirando o burnout: primeiro quero dizer o quanto agi de modo inconsequente ali. Algo muito pior poderia ter acontecido com a minha saúde. Depois, quero trazer a responsabilidade para mim, e não para a empresa ou para o meu líder na época. Provavelmente cheguei a esse ponto pois ignorei todos os sinais que o meu corpo já vinha me dando, há anos.

Não tive coragem de falar na empresa sobre como estava emocionalmente. Quando estamos frágeis, temos medo de nos expor, e passamos a duvidar da nossa própria capacidade. Estava em um lugar supercompetitivo, com muita pressão, que cobrava muito dos funcionários, mas não era nada que eu já não tivesse vivido durante a maior parte da carreira. Por que dessa vez havia sido diferente e eu não estava dando conta? Não acho que exista uma resposta única, mas um conjunto de fatores. Um acúmulo de anos abusando do meu corpo, um colapso mental pós-trauma e um ambiente de trabalho com o qual eu não havia me identificado. Porém, acredito que um dos pontos principais foi: essa crise me tirou de uma rotina que sempre funcionou muito bem para mim, ou seja, a de me exercitar diariamente, dormir bem, me alimentar bem. Privar a mim mesma dessa rotina afetou o meu humor, o meu sono, a minha alimentação, e, antes que me desse conta, já estava vivendo como um carro desgovernado, sem freio, andando ladeira abaixo.

Foi então que, pela primeira vez na vida, busquei um psiquiatra para me ajudar a sair daquele buraco. Não posso enfatizar o suficiente o quão crucial essa ajuda profissional foi. Comecei a tomar remédios para insônia e ansiedade, que me ajudaram a começar a sair daquele ciclo vicioso e retomar a vida. Aos poucos, fui voltando a me reconhecer, a dormir bem, a fazer esporte, terapia, meditação e até mesmo a ter prazer novamente em tocar em festas. Mas tudo isso aconteceu a partir da retomada de elementos que existiam em mim e pertenciam a outro lugar. Um lugar mais maduro e consciente, que observava o que ainda fazia sentido para mim e do que eu poderia largar mão. A dor foi transformadora e me ensinou coisas que não poderia ter aprendido de outra forma. Hoje, quando vejo alguém que não está bem, tenho uma empatia e um acolhimento que jamais tinha sentido antes. E posso dizer que saí desse período muito mais forte do que entrei — física e emocionalmente.

ESTAMOS MAIS PRODUTIVOS E CAPACITADOS DO QUE NUNCA, MAS, PARADOXALMENTE, EM VEZ DE NOS PERMITIRMOS DESCANSAR, NÓS NOS COBRAMOS (E SOMOS COBRADOS) POR MAIS E MAIS RESULTADOS, TANTO NO ÂMBITO PESSOAL QUANTO NO PROFISSIONAL.

@michelleschneider
O Profissional do Futuro

No livro *A sociedade do cansaço*, o filósofo sul-coreano Byung-Chul Han defende a tese de que vivemos em uma era na qual a exaustão tornou-se a característica preponderante. Ele argumenta que, à diferença de épocas anteriores, em que a opressão e a cobrança vinham de estruturas externas, na sociedade atual a pressão para performar e ser bem-sucedido muitas vezes se origina no próprio indivíduo. Han observa que, se no passado as sociedades eram marcadas por intempéries externas, como doenças e guerras, a sociedade contemporânea é definida por desafios e pressões internas, como a autoexploração, o perfeccionismo e a pressão para sermos produtivos o tempo todo. Vivemos uma realidade na qual as pessoas estão cada vez mais esgotadas, pressionadas a fazer cada vez mais coisas em cada vez menos tempo. Estamos mais produtivos e capacitados do que nunca, mas, paradoxalmente, em vez de nos permitirmos descansar, nós nos cobramos (e somos cobrados) por mais e mais resultados, tanto no âmbito pessoal quanto no profissional. O resultado é que nos sentimos constantemente insuficientes, como se não aprendêssemos ou entregássemos o bastante.

Han descreve a sociedade atual como a "sociedade do desempenho", em que as pessoas se sentem impelidas a alcançar a excelência em todos os aspectos da vida, e acabam, ironicamente, virando escravas de si mesmas. Esse cenário cria um ambiente em que as doenças psicológicas se proliferam, não apenas como resultado de fatores externos, mas também de uma autocobrança violenta e incessante que pode levar a um esgotamento completo do indivíduo.

Outro ponto central do livro, que está intimamente ligado ao esgotamento sobre o qual falamos anteriormente, é a crítica à positividade excessiva e à obrigação de ser feliz. Segundo Byung-Chul Han, vivemos em uma cultura que ignora a importância e a necessidade de experiências negativas, como o fracasso e a tristeza, para um desenvolvimento humano equilibrado. A reflexão proposta por ele é crucial para entendermos os contextos mais amplos da saúde mental na sociedade contemporânea, especialmente em um mundo em que as aparências nas redes sociais muitas vezes mascaram as realidades internas de luta e sofrimento.

Sinto que ainda existe grande preconceito em relação aos problemas de saúde mental no ambiente corporativo. Muitas vezes, esses problemas são erroneamente associados à fraqueza, falta de vontade ou preguiça, e até mesmo a falhas de personalidade ou caráter.

Já presenciei situações em que funcionários com burnout foram injustamente rotulados como preguiçosos ou incompetentes, quando, na realidade, estavam doentes. É fundamental entender que manter a alta produtividade é inviável para alguém que está lidando com depressão profunda ou burnout. Essa incompreensão pode levar os afetados a se culparem, esconderem ou minimizarem o seu sofrimento, com receio de serem vistos como fracos — o que agrava ainda mais as condições delicadas em que se encontram.

A parte boa é que vemos uma mudança de percepção sobre burnout e saúde mental notável na sociedade contemporânea, impulsionada pelo avanço da consciência e do conhecimento científico. Em 2022, a síndrome de burnout foi incluída na Classificação Internacional de Doenças (CID-11) pela Organização Mundial da Saúde, dando ao trabalhador diagnosticado o direito a quinze dias de afastamento remunerado.[89] A transparência de empresários como Nizan Guanaes,[90] Arianna Huffington[91] e Steve Jobs[92] ao compartilharem as suas experiências e desafios pessoais com a saúde mental, juntamente com atletas como Michael Phelps,[93] Gabriel Medina[94] e Simone Biles[95] (que se afastou das Olimpíadas de Tóquio 2020 para priorizar a sua saúde mental), e a artista Anitta,[96] que pausou a sua carreira pelo mesmo motivo, ressaltam a importância de tratar a saúde mental com a seriedade que ela merece. Rebeca Andrade, que se tornou, nos Jogos Olímpicos de Paris, a maior medalhista olímpica do Brasil, fez questão de reforçar em entrevistas a importância da preparação mental para enfrentar as suas competições. Esses relatos e o arcabouço científico atual trabalham juntos para reduzir o estigma e promover um ambiente no qual a saúde mental é vista como um componente essencial do bem-estar.

Embora tenhamos feito progressos significativos no entendimento da saúde mental e dos riscos de burnout nos últimos anos, a aceleração das inovações tecnológicas está, paradoxalmente, nos empurrando para um aumento nos desafios psicológicos. Somos seres humanos que evoluem de maneira linear, vivendo em um mundo que se transforma exponencialmente. Esse ritmo acelerado sobrecarrega a habilidade de acompanhar e se adaptar, levando a desafios significativos para a saúde mental, aumentando o risco de ansiedade, estresse e outros problemas psicológicos. Como falamos no início do livro, um dos principais desafios ao nos adaptarmos a este mundo em constante transformação, para além do econômico e do social, tende a ser o psicológico.

Portanto, identificar e mitigar os sinais de burnout não é apenas vital para a saúde pessoal, mas também uma habilidade crucial para garantir a sustentabilidade e a capacidade de inovar em sua carreira. O desenvolvimento do autoconhecimento, a adoção de hábitos saudáveis e a escolha por ambientes de trabalho que priorizem o bem-estar são essenciais para a eficiência no cenário futuro do trabalho. Reconhecer e tratar o burnout é crucial, mas é igualmente importante adotar ferramentas e práticas para cuidar da saúde mental. No próximo tópico, exploraremos algumas dessas ferramentas e estratégias que podem ajudar a manter o equilíbrio emocional e prevenir o esgotamento no ambiente de trabalho.

Ferramentas para cuidar da saúde mental

Não existe sucesso profissional sem saúde mental. Se você sente que não está bem mentalmente, a primeira atitude necessária é aceitar que existe um problema que precisa ser resolvido, porque está trazendo prejuízos para você e provavelmente para outras pessoas, seja no trabalho ou em casa. Muitas vezes é preciso reconhecer que, apesar de possíveis tentativas que já se tenha feito para atenuar tais questões, talvez tais esforços ainda não tenham sido o suficiente. É importante ter um carinho consigo mesmo para entender que melancolia, desânimo, negatividade, agressividade e impaciência não são necessariamente características de personalidade, mas sinais de que algo está desequilibrado dentro de você. Não há nada de ruim ou feio em admitir isso e pedir ajuda. Não é coisa de gente louca, mas de gente sã.

Conseguir identificar desajustes no próprio comportamento é um desafio maior do que parece. Sempre me achei uma pessoa forte e equilibrada, pensava que nunca sofreria com questões de saúde mental. Minha chefe, a que mencionei como exemplo de ter tirado o meu melhor de mim, me dizia sempre que um dos meus pontos fortes era a minha inteligência emocional. No entanto, toda essa inteligência emocional foi por água abaixo quando a minha saúde mental foi abalada. Um dos perigos ocultos de uma crise de saúde mental é o fato de que compromete também a sua capacidade de perceber o que está acontecendo consigo mesmo. Por isso, é importante ficar atento e cultivar algumas práticas que, comprovadamente, beneficiam a nossa saúde mental.

Portanto, os meus cinco pilares para manter a saúde mental em dia são:

Sono

No Brasil, quase 70% da população declara enfrentar algum tipo de dificuldade para pegar no sono e se manter adormecida, de acordo com dados da Associação Brasileira do Sono (ABS).[97] O índice fica bem acima da média mundial (45%), o que nos coloca entre as populações que menos dormem no mundo. Não é coincidência sermos campeões também em ocorrências de transtornos mentais, pois as duas coisas são inseparáveis. Quem convive com problemas de saúde mental está mais propenso a dormir mal, e, em contrapartida, a privação de sono afeta diretamente o estado psicológico e o bem-estar. Ou seja, são questões que se retroalimentam, e que podem virar uma bola de neve quando fogem do controle.

Sempre dormi muito bem. Era daquelas pessoas que entrava no avião, colocava o meu tapa-olhos e fones de ouvido e só acordava no destino final. Isso aconteceu até a minha relação com o sono mudar completamente após a crise de coluna que contei aqui. Passei quase um ano "fritando" na cama, virando de um lado para outro sem conseguir dormir, e quando conseguia, logo acordava e não pregava mais os olhos. No dia seguinte, passava o dia inteiro cansada, sonolenta, mal-humorada, com dificuldade para raciocinar e me concentrar. E aí, o que eu fazia? Me enchia de café, Red Bull, super coffee e tudo o que tivesse à mão para sobreviver a mais um dia.

Em certo momento, comecei a me automedicar com esses famosos indutores do sono, que podem parecer uma delícia no começo. Tomava o composto e, em poucos minutos, apagava. Mas logo um não era mais o suficiente, então acordava no meio da noite e tomava outro. Comecei então a reparar que, no dia seguinte, acordava com uma sensação horrível. Era como se eu estivesse em uma ressaca terrível. Ficou nítido para mim que aquele sono não era de qualidade, porém foi só com a ajuda de um psiquiatra que consegui realmente regular o meu sono, com mudanças de hábito e o auxílio de outra medicação, a qual tomei por cerca de um ano. Hoje, já não dependo de remédios para dormir. Mas a experiência me fez entender quão crucial o sono é para o nosso bem-estar. Quem dorme mal, vive mal.

O psiquiatra Arthur Guerra diz que problemas com o sono não aparecem do nada. Na maior parte das vezes, são como a ponta do iceberg, sintomas de algo mais grave, que precisa ser tratado.[98] Com frequência aparecem depois de eventos ou circunstâncias que trazem forte estresse emocional, como uma separação, problemas financeiros ou um período de luto. No meu caso, esse disparador foi a crise da coluna. Entender o que está por trás da insônia, identificar quais condutas diurnas e noturnas impedem noites bem-dormidas e criar uma rotina favorável ao descanso são a melhor saída para se livrar dos remédios e ganhar autonomia sobre o próprio sono. Sozinhos, os remédios não vão resolver desconfortos emocionais ou mentais. Podem aliviar sintomas — assim como um analgésico tira a dor —, mas não terão efeito na causa do problema, que quase sempre envolve o estilo de vida. Acho uma loucura como a nossa sociedade normaliza o uso de remédios enquanto negligencia um caminho de autoconhecimento e mudanças de hábitos, meios que são capazes de genuinamente atacar a raiz dos problemas.

É claro que é normal termos noites difíceis de vez em quando, principalmente quando estamos passando por momentos que geram mais ansiedade, mas algumas práticas simples podem mitigar muito os efeitos da insônia: evitar telas e luzes brancas após o anoitecer (existem aplicativos, como o f.lux, que deixam a tela dos dispositivos amarelada dependendo do horário do dia), evitar a ingestão de café e outros estimulantes após o fim da tarde, evitar o consumo excessivo de álcool, manter uma rotina de exercícios físicos etc. No entanto, caso o problema persista, recomendo que você procure ajuda de um especialista.

Exercício físico

O que eu queria ser quando crescer? Quando ainda era criança, a resposta sempre foi a mesma, desde o primeiro dia de aula da primeira série: queria ser atleta.

Sempre amei esportes, de todos os tipos, e sem dúvida muito de quem sou hoje vem de aprendizados que tive nesse universo: disciplina, resiliência, trabalho em equipe e muitos outros. O esporte ensina que ser forte não é só sobre ganhar, mas principalmente sobre perder e aprender. Como já contei anteriormente, já fiz diversos esportes ao longo da vida, mas para exemplificar o impacto do exercício físico na minha vida, vou falar de um esporte específico: a corrida.

Ela se tornou uma paixão quando entrei na vida adulta. Tenho tendência a ganhar peso, então uma das motivações que me levaram a correr foi controlar o meu peso. Participei de mais provas de corrida de rua do que sei dizer, mas por mais de dez anos só corri em provas de, no máximo, 10 km. Até que, em 2010, quis juntar uma equipe para correr a Maratona de Revezamento do Pão de Açúcar, de 42 km. Procurei amigos que topassem correr 10.5 km cada, mas a maioria dos meus amigos não eram "corredores" e, os poucos que toparam, queriam correr apenas 5 km, o que eu achava pouco. Foi aí que um amigo me sugeriu o seguinte: "Vamos nos inscrever nós dois, eu corro meia maratona (21 km) e você corre o restante, quanto você aguentar?". "Peraí", pensei. "Por que correr só uma parte desses 21 km? Por que não correr a distância toda?" Foi assim que, meio no impulso, me joguei na minha primeira meia maratona. Completei a prova quase morrendo, com dores no corpo, ofegante e me arrastando. Mas me lembro vividamente da sensação de vitória e superação ao cruzar a linha de chegada.

Nessa mesma época eu estava passando por uma fase desafiadora na vida pessoal, e comecei a perceber que eu estava descontando a minha ansiedade e frustração na comida e na bebida. Comecei a tomar uns porres, o que era um hábito que nunca tive. Ao me ver perdendo o controle, usei a corrida como a estratégia principal para voltar ao meu eixo. Lembrei-me da sensação ao cruzar a linha de chegada da meia maratona, e então enfiei na cabeça que queria viver aquilo de novo, mas ainda mais intensamente. Foi assim que decidi correr a minha primeira maratona inteira.

Sabia que precisaria de disciplina, que não poderia beber e me alimentar mal, e isso era exatamente o que eu precisava naquele momento. Para aumentar ainda mais o comprometimento com o objetivo, fui pesquisar sobre maratonas ao redor do mundo e acabei me inscrevendo na maratona de Nova York. Já que estava me propondo a correr 42.195 metros, que fosse em grande estilo. Eu me preparei por cinco meses, seguindo à risca as planilhas de treino, dormindo cedo, me alimentando corretamente, sem ingerir álcool. Cheguei a pensar em desistir em vários momentos, mas podia sentir que o processo estava me fazendo bem. Então insisti e insisti, até que o dia chegou. E consegui. Cruzar a linha de chegada da prova foi, sem dúvida, um dos momentos mais especiais da minha vida. Depois que corre uma maratona, você sente que pode alcançar tudo o que quiser. É como se nada pudesse derrubar você.

E por que estou contando essa história? Porque, apesar do êxtase que foi completar a prova, o que percebi foi que o *processo* era o que importava de verdade, mais do que o objetivo final ou a linha de chegada. Colocar-me naquele desafio, no fim, foi apenas um jeito de me incentivar a viver de maneira mais regrada. Pode parecer um truque barato, mas é incrivelmente eficiente. Correr me tornou mais forte, tanto física como emocionalmente. Propiciou momentos de introspecção e serenidade ímpares para mim. Por fim, me instigou a me superar, de novo e de novo. Na corrida, o único oponente que você tem de derrotar é você mesmo.

Depois da crise na coluna, a minha relação com a corrida precisou mudar. Não posso mais correr como antes, mas procuro manter a rotina de exercícios em dia. Hoje faço natação, pedalo e corro, porém distâncias mais curtas, e faço pilates e musculação. Essa rotina é fundamental para eu me manter em equilíbrio. Incorporar um exercício físico — qualquer que seja — na rotina estabelece uma base para mudanças positivas abrangentes. Por mais que se tenha uma agenda cheia, é um hábito que devemos colocar como prioridade. A prática regular de exercícios aumenta a consciência sobre a alimentação, reduz o estresse, melhora a qualidade do sono, proporciona mais energia para atividades diárias e mais oportunidades de socialização. Este novo conjunto de hábitos regula e intensifica os níveis de substâncias químicas que promovem o bem-estar, melhorando a autoestima e o humor. Assim, a vida se torna mais leve e gratificante em vários aspectos. Não é apenas sobre cuidar do corpo, mas também sobre o impacto que isso tem na mente.

Meditação

A prática da meditação tem sido estudada no âmbito científico por décadas, e seus benefícios são incontestáveis. Destacam-se, principalmente, a redução do estresse e da ansiedade, resultado da habilidade de promover um estado profundo de relaxamento e bem-estar. Além disso, a meditação é amplamente reconhecida por melhorar de modo significativo a qualidade do sono. Para aqueles que lutam contra a insônia, meditar com frequência pode ser um verdadeiro divisor de águas, ajudando a reduzir o tempo necessário para adormecer e aumentando a duração do sono reparador. A meditação ainda aprimora a concentração e a atenção, ferramentas valiosas tanto em ambientes acadêmicos quanto profissionais, em que o foco é essencial.[99]

Confesso que, a princípio, meditar não foi um processo natural para mim. Sempre com a mente a mil, eu me frustrava por não conseguir "desligar" nem por meros sessenta segundos durante a meditação. Apesar de saber dos muitos benefícios da prática, na maioria das vezes eu terminava uma sessão frustrada por não ter conseguido "controlar" a mente para que ela não pensasse em nada. Curioso como a gente se cobra por resultados até quando a atividade em questão é, por definição, não fazer nada!

Com o tempo, entendi que colocar pressão em mim mesma não ajudava. O treinamento mental, assim como o dos músculos, se faz com tempo e regularidade. Mesmo meditadores experientes têm dias bons e outros nem tanto. Fui entendendo que não tinha nada a ver com controlar a mente, mas sim com entregá-la a um lugar de silêncio. A partir disso, a minha relação com a meditação mudou. Não era mais sobre "não pensar em nada", mas sim sobre prestar atenção. Observar os pensamentos, as emoções e as sensações corporais, sem me debater com eles, e depois voltar para "o vazio", esse tal lugar de tranquilidade, em que talvez as coisas que observei pudessem ser ressignificadas.

Hoje, a meditação guiada faz parte da minha rotina matinal. Dedico cerca de dez minutos logo após acordar, utilizando o aplicativo Headspace. Esse pequeno investimento de tempo diário tem me ajudado a desenvolver uma compreensão mais profunda de mim mesma e a ouvir os sinais que meu corpo emite, os quais, muitas vezes, passavam despercebidos.

Terapia

Independentemente da vertente que você preferir (psicanálise, análise do comportamento e terapia cognitivo-comportamental), a terapia é uma ferramenta poderosa de autoconhecimento. Ela oferece um espaço seguro e confidencial para explorarmos sentimentos, medos e ansiedades, o que permite uma compreensão mais profunda dos próprios pensamentos e comportamentos. Com a orientação de um terapeuta qualificado, é possível desenvolver estratégias para lidar com problemas específicos, como depressão, ansiedade ou estresse, e melhorar a comunicação e as relações interpessoais. Além disso, a terapia pode ser benéfica não apenas em tempos de crise, mas também como ferramenta de desenvolvimento pessoal contínuo, ajudando a cultivar maior resiliência diante das adversidades, melhorando a capacidade de tomar decisões e identificar e modificar padrões de pensamento e comportamento que podem estar impedindo o progresso pessoal ou profissional.[100] Ao colocar os nossos conflitos em palavras, somos capazes de criar um pequeno distanciamento deles — distanciamento esse que pode ser o suficiente para enxergá-los sob uma nova perspectiva.

Um dos grandes aprendizados que tive na terapia foi quando a terapeuta falou sobre a importância de aprendermos a surfar as ondas altas e baixas da vida. As ondas altas são as ondas da produtividade. É quando temos positividade e esperança, quando estamos batendo metas, produzindo, festejando e nos divertindo. É quando nos sentimos ocupados e importantes. Ou seja, é quando o nosso ego está satisfeito. Já as ondas baixas são o oposto. São a desaceleração. Não se referem apenas aos momentos de baixo rendimento, mas também aos de relaxamento e ócio. Muitas vezes, é justamente no silêncio dessas ondas baixas que acabamos encontrando a nós mesmos.

O que aprendi é que o ideal é não ficarmos nem só na onda alta, nem só na onda baixa. Se vivermos apenas navegando no alto, teremos um burnout, crises de ansiedade, ou alguma outra questão de saúde que pode custar caro; se vivermos apenas encalhados no raso, teremos uma depressão ou tristeza profunda. Até eu ser apresentada a esse conceito, não me permitia nunca estar na onda baixa, porque para mim esse era um lugar de fracasso, de perda de tempo. Assim como muitas pessoas, eu me sentia impelida a estar, *o tempo todo*, na onda alta. Então o que aconteceu? O meu corpo e a minha mente pararam de funcionar, e fui obrigada a entrar em uma onda baixa.

Tomar consciência das marés pelas quais navego e manter-me atenta a elas tem sido fundamental para ajustar o meu curso antes de me deparar com novos problemas de saúde. Atualmente, estou mais sintonizada com os sinais que meu corpo emite, o que me permite agir com proatividade para evitar ser surpreendida pelas adversidades da vida.

A terapia, quando frutífera, não apenas faz com que nos conheçamos de maneira mais profunda, como também nos mune de instrumentos melhores para navegar o mundo. Saber reconhecer padrões e encontrar novos paradigmas, que ajudem a gente a enxergar as nossas questões por outros ângulos, são alguns dos maiores benefícios que a terapia pode trazer.

Hobbies

O meu quinto pilar já foi muito discutido aqui quando falamos sobre sermos profissionais plurais, então não irei me prolongar. Mas só quero reforçar a importância de ter uma atividade que lhe dê prazer fora do trabalho. Pode ser um curso de cerâmica, de dança, um esporte novo, aula de pintura, fotografia, jardinagem, culinária, ioga, aprender a tocar um instrumento musical, voluntariado... O que quer que faça a sua alma feliz. Manter hábitos prazerosos não é um "extra", um "luxo" que podemos nos dar. É uma necessidade.

Entendo que esses são os meus pilares para manter o meu equilíbrio. Recomendo que você encontre os seus — o que funciona para mim não necessariamente vai funcionar para você. Além disso, sugiro que se suba um degrau de cada vez. No processo de autocuidado e desenvolvimento pessoal, não é eficaz tentar abordar todas as mudanças de uma só vez. Cada passo — como iniciar exercícios físicos, meditar, perder peso ou parar de usar medicamentos para dormir — deve ser dado a seu tempo. Avançar gradualmente, superando um degrau após o outro, permite construir uma base sólida para cada nova etapa, respeitando o próprio ritmo e garantindo um progresso sustentável.

Resiliência — Everest

Quase como um "vício" de uma executiva que trabalhou por vinte anos no mundo corporativo, a primeira coisa que fiz ao pedir demissão foi esboçar um plano de negócios para o meu ano sabático. Sim, até o meu descanso precisava de estratégia! Defini que ele teria três pilares: requalificação profissional, desenvolvimento espiritual e um grande desafio pessoal que testasse os meus limites físicos e mentais. Queria viver uma experiência que me trouxesse uma sensação de conquista e empoderamento similar à que senti ao cruzar a linha de chegada da minha primeira maratona. Após meses de treinamento árduo e resiliência, aquela corrida me fez acreditar que eu era capaz de alcançar qualquer meta que estabelecesse. Agora, depois de a vida me jogar tantos limões dos quais precisei fazer limonada e até caipirinha, queria escolher a minha própria aventura, que pudesse recriar a sensação, desafiando-me a ultrapassar novas fronteiras, redescobrir o meu potencial e, principalmente, aumentar a confiança em mim mesma.

Poucos dias antes de deixar o TikTok, conheci uma amiga que me contou sobre a sua experiência de trekking até o acampamento-base do monte Everest. As histórias de superação, desafios e imprevistos, misturadas com a beleza estonteante dos Himalaias, tocaram algo profundo em mim. Ela descreveu como a grandiosidade da natureza nos faz sentir infinitamente pequenos e disse que esse é considerado o trekking mais difícil, mas também o mais bonito do mundo. Ao ouvi-la, apesar de eu nunca ter feito um trekking, senti um brilho nos olhos e uma nitidez no coração: era exatamente o desafio que eu buscava. Quatro meses depois, eu estava no Nepal junto a outros oito turistas brasileiros e um grupo de quatro guias. Parecia o início de uma empreitada de perseverança e superação, um capítulo glorioso que eu rememoraria em confraternizações e palestras motivacionais. Mas a lição que aprendi nessa jornada foi muito mais dura e valiosa do que eu era capaz de imaginar.

Após quase vinte e quatro horas viajando, pousei em Katmandu, capital do Nepal, e o plano era pegar um voo para Lukla, em que o trekking oficialmente começaria. O aeroporto de Lukla é considerado o mais perigoso do mundo devido à sua pequena pista de apenas 527 m, espremida entre uma montanha e um precipício. Para um avião pousar lá, o tempo precisa estar 100% limpo, e, para nosso azar, o tempo virou por completo, e dia após dia o aeroporto permaneceu fechado, frustrando repetidas vezes os planos do grupo, até que depois de quatro dias de tempo ruim, nos cansamos de esperar e decidimos tomar a única rota alternativa possível: pegar um dia e meio de trilha em um Jeep 4×4, e caminhar mais 35 km até Lukla.

Ali foi a primeira vez que pensei em desistir, sem nem ao menos ter começado. Exatamente dois anos antes eu tinha operado a coluna e, apesar de saber que agora ela estava bem, eu não sabia se aguentaria ficar quase dois dias "pulando" dentro de um 4×4. Percebi na hora que estava antecipando um trauma que havia vivido. Entre sentir a dor que já sentira e desistir, eu não tinha dúvida de que preferia desistir. Mas, ao falar com o meu médico, ele me incentivou a seguir em frente, com a promessa de que eu poderia desistir em Lukla se a dor fosse insuportável. Então, lá fui eu. Chuva, neblina, carro pulando, quase atolando, beirando o precipício a maior parte do tempo, e eu rezando, meditando, implorando para sair viva dessa. Mal sabia que era só o começo.

Um dia e meio e quilômetros depois, descemos do carro, mochilão nas costas e, por fim, começamos a caminhar. E olha, a caminhada até Lukla nem era o trekking oficial ainda — tínhamos singelos 35 km de caminhada pela frente para "aquecer". Sabe aqueles vídeos de expectativa vs. realidade no Instagram? Pois é, a minha expectativa era sol, trilhas lindas e vistas de cartão-postal. A realidade? Eu estava mais suja do que pau de galinheiro, encharcada de chuva, congelando de frio e enfrentando uma noite que mais parecia cena de filme de terror.

Chegar à pousada? Ah, uma "delícia"! Imagine um lugar charmoso, rústico e... congelante, sem aquecedor e com um único banheiro para a pousada toda, que mais parecia um teste de sobrevivência. Tomei um banho gelado, lavei as roupas que pareciam ter saído de uma batalha de lama e me enfiei em um saco de dormir, pensando: "O que que vim fazer aqui?", mas antes mesmo de pensar na resposta, peguei no sono.

No dia seguinte, o sol enfim apareceu, e depois de uma longa e árdua caminhada, chegamos a Lukla. A minha coluna havia sobrevivido, mas algo já estava estranho. Nosso grupo, que nem havia começado a subida propriamente, já demonstrava sinais de abatimento. Iniciar um trekking como esse já é uma prova de resistência quando se está plenamente energizado; começar já desgastados, com apenas 60 ou 70% das nossas forças, era como desafiar a montanha com uma mão atada às costas.

Mas quem de nós pensaria em desistir em Lukla, antes mesmo de o show começar? Jamais! Eu já me sentia uma vencedora. Então nos reanimamos como pudemos e, incentivando uns aos outros com piadas de mau gosto sobre a nossa situação, começamos a subir em direção ao Everest.

Os primeiros dias foram incríveis e comecei, finalmente, a curtir a experiência. A rotina era basicamente a mesma todos os dias: acordávamos bem cedo, tomávamos um café da manhã reforçado e seguíamos rumo às longas caminhadas, com algumas paradas para um chá quente ou um almoço pelo caminho. No início, o caminho é repleto de vegetação, cavalos, burrinhos e os famosos porters — os carregadores nepaleses que são a marca registrada do Himalaia —, que transportam alimentos, malas e até armários nas costas. Cruzamos diversas pontes suspensas, decoradas com bandeirinhas coloridas, onde tiramos dezenas de fotos. Conforme avançamos, a vegetação e a paisagem mudaram radicalmente. Depois dos 4 mil metros, o verde desapareceu e tudo se transformou em tons de marrom e cinza, repletos de pedras — e aos poucos a neve surgiu. Até os animais mudaram. Lá em cima, o único animal que encontramos eram os iaques, animais mais adaptados ao frio e à altitude.

O fato de termos perdido seis dias e meio prejudicou uma estratégia de aclimatação que é fundamental para reduzir o risco de mal de altitude: "Subir alto, dormir baixo". Isso significa que os trekkers podem subir a altitudes mais elevadas durante o dia, mas devem retornar a altitudes mais baixas para dormir. Isso ajuda o corpo a se ajustar gradualmente às mudanças, sem o choque súbito de permanecer em grandes alturas. Inserir dias de descanso ou aclimatação no itinerário é crucial — mas, ao perdermos tanto tempo, acabamos tendo de sacrificar esses dias, o que deixou o grupo todo mais vulnerável.

Tudo ia bem até que, na quarta noite da trilha oficial, quando estávamos em Pangboche (3.930 m), acordei passando mal. Vômito, diarreia, pressão baixa. Achei que fosse efeito da altitude, simplesmente ignorei os sintomas e segui com o grupo. Afinal, quem precisa de conforto quando se está em busca de aventura, não é mesmo?! Meu otimismo não durou muito, pois logo comecei a passar mal de novo, no meio da trilha. A pressão baixou, vômito e diarreia novamente. Sentia que desmaiaria a qualquer momento. Deitei-me em uma pedra e pensei que não teria forças para sair dali sozinha.

Um médico, que por sorte estava no nosso grupo, me deu uma injeção de dexametasona, o que deu uma levantada na minha condição física por umas duas horas. Cheguei me arrastando em Dingboche (4.410 m) depois de sete horas. Outras pessoas do grupo também estavam passando mal, inclusive o nosso guia local. Ali, entendemos que tivemos uma intoxicação alimentar, e não um mal de altitude. Eu achava que não tinha mais forças, e pela segunda vez quase desisti. Além da fraqueza, um medo começou a se infiltrar em cada pensamento meu. Questões estranhas começaram a ecoar na minha mente: "E se a minha condição se agravar? Como diabos vou conseguir sair deste lugar? Será que todos os incidentes no início eram um aviso de que eu não deveria estar aqui?". É incrível como, em um piscar de olhos, um gatilho pode desencadear uma jornada interna, nos arrastando para uma viagem mental inesperada.

No entanto, por sorte (ou azar) do destino, o dia seguinte seria o único que tinha nos "restado" para fazermos a aclimatação. Então optei por descansar e ver como o meu corpo reagiria, enquanto o restante do grupo subiu para aclimatar. Acordei um pouco melhor, dormi o dia todo e então, mais uma vez, desisti de desistir. No dia seguinte ainda estava enjoada, quase não conseguia comer, mas ao ver o grupo seguindo em frente, simplesmente peguei as minhas coisas e fui atrás. Sem saber com exatidão por quê, algo dentro de mim me fazia continuar. Devagar, um passinho de cada vez.

O clima já estava bem mais frio, próximo de zero grau. Um dos colegas do grupo, que também tinha pegado a intoxicação alimentar, passou muito mal e precisou descer carregado por um cavalo. Ao ver a cena, fiquei me perguntando quão perto ou longe eu estava do limite do meu corpo. Pouco depois, atravessamos Thokla (4.620 m), em que existe um memorial dedicado aos alpinistas que perderam a vida no Everest, conhecido como Memorial Park. Diante daquela homenagem tão palpável a centenas de almas que perderam a vida naquela montanha tentando superar os seus limites, comecei a refletir sobre o verdadeiro significado de tudo aquilo. Quando a gente desafia os próprios limites, as emoções emergem intensamente, tornando difícil distinguir entre razão e emoção de modo maduro. É um turbilhão de medo e adrenalina, misturado com a vergonha de desistir e o desejo de se superar. Em certos momentos, eu me questionava se estava sendo corajosa ou imprudente. Novamente, uma voz interior me dizia para desistir, mas outra voz me dizia mais alto que desistência não me define. E, mais uma vez, continuei — embora com passos cada vez mais lentos.

Chegamos no fim da tarde em Lobuche (4.910 m). Ali passaríamos a última noite antes da subida final ao acampamento-base. Apesar do frio intenso (a temperatura já estava 10ºC negativos), a paisagem era deslumbrante. Nunca vou me esquecer da imagem do sol batendo no pico do monte Everest. Apesar do cansaço, da fraqueza, do frio e do enjoo, senti um orgulho enorme de estar ali, superando limites. Aquela imagem parecia ser um prêmio pela perseverança, uma memória para levar dentro de mim, para sempre.

Enfim, chegou o grande dia: o último ataque ao acampamento-base. Acordamos às 5h da manhã. Estava 15ºC negativos, e foi quase uma missão impossível levantar-se do saco de dormir. Ao tentar escovar os dentes, a água da torneira congelou de tanto frio. Na saída, senti falta do Rakesh, o nosso guia local, e soube que ele havia sido resgatado durante a madrugada, e estava internado com embolia pulmonar. A notícia mexeu comigo. Éramos doze no início da jornada. Agora, estávamos apenas em oito. Metade dos guias haviam ficado pelo caminho.

O frio estava insuportável. Ao dar os primeiros passos, já percebi que algo estava errado e que não ia conseguir acompanhar o ritmo do restante da equipe. A guia principal ficou para trás, me acompanhando. Uma informação que ouvi quando estava me preparando para o trekking, e que estava na minha mente nesse momento, é que acima dos 4 mil metros o corpo humano começa a deteriorar-se. E quanto mais alto a gente vai, mais rápida é a deterioração. Acima dos 8 mil metros, a morte acontece em questão de horas. Ali, nos 4, 5 mil metros, a gente começa a sentir os efeitos, e é nessa altura que a morte começa a acontecer devagarinho. Esses pensamentos me deixaram tensa e extremamente atenta aos sinais do meu corpo. Seguimos em passos muito lentos. A cada três ou quatro passos, precisava parar para descansar. Naquele momento, pensar com nitidez não era opção. Estava no auge de uma adrenalina que se confundia com a sensação pura de sobrevivência. O meu corpo e a minha mente estavam completamente imersos no presente, sem espaço para qualquer distração. Então uma dor de cabeça surgiu e se intensificou rapidamente. Questionei a guia sobre o cansaço extremo e a crescente dor, e ela me assegurou que era normal. *"Não se preocupe, apenas continue."* Não demorou para que eu notasse que era a pessoa mais lenta de toda a trilha — mais até mesmo do que os idosos, que me ultrapassavam no caminho. A minha cabeça passou a doer cada vez mais, tinha a sensação de que ela estava inflando, aumentando de tamanho. Mas a guia insistia em dizer que era normal, que não precisava me preocupar.

Enfim chegamos em Gorakshep (5.190 m), a nossa última parada antes de chegarmos ao campo base (5.360 m). O plano inicial era tomarmos um chá quente ali e seguirmos para o acampamento-base, mas como levei quase sete horas para fazer um percurso que deveria ter feito em três, ficou evidente que eu não tinha nenhuma condição de chegar ao nosso destino naquele dia — apesar de o acampamento-base estar a apenas 170 m a mais de altitude e 2 km de distância.

A minha cabeça estava explodindo e eu me sentia extremamente mal. Falei para a guia que queria ir até o posto de saúde da estação, pois sentia que havia uma coisa séria acontecendo comigo. Não conseguia mais ignorar a sensação de que algo estava profundamente errado. Mas ela insistiu que era normal, sugeriu que eu tentasse dormir para melhorar, e se deitou ao meu lado para descansar também. Movida por um ímpeto súbito, levantei-me e disse que iria ao posto sozinha. Ela optou por descansar mais um pouco, também se sentindo mal. A questão, contudo, foi que, naquele momento, decidi ouvir o meu corpo e confiar na intuição, então simplesmente saí dali, em busca de ajuda.

Cheguei ao "hospital" de Gorakshep, que mais parecia uma cabana rudimentar de madeira, equipada apenas com duas macas, uma mesa de atendimento e alguns tubos de oxigênio; não havia equipamentos médicos. O homem que me atendeu, cuja profissão eu nunca soube ao certo, pareceu alarmado ao verificar a minha saturação de oxigênio: apenas 55% (para efeito comparativo, em uma altitude normal, quando a saturação está abaixo de 80%, somos entubados na hora). Assim que fez a aferição, ele gritou: "Coloquem-na no oxigênio e chamem o resgate *agora*". Nesse momento, desabei a chorar.

Foi como se tivesse despertado de um delírio. Sabia que tinha algo errado comigo. Nunca havia me sentido tão fraca na vida. A noção de que meu corpo pudesse colapsar não era apenas plausível, era terrivelmente palpável. Não sabia o que aconteceria comigo, não sabia se seria capaz de aguentar, a única coisa que sentia era uma gratidão enorme por ter agido ao ouvir os sinais que o meu corpo me dava.

Tive ódio da guia por me dizer tantas vezes que eu estava bem, mesmo sabendo que eu não estava. Mas tive ainda mais ódio de mim mesma: ódio da narrativa que eu havia vendido para mim mesma quando tive aquela ideia, a de que eu seria capaz de vencer qualquer coisa pela via da resiliência. Estava exausta, emocional e fisicamente, mas a decisão de levantar e buscar ajuda foi um ponto de virada, uma demonstração de que a resiliência não é apenas suportar, mas também reconhecer quando é hora de buscar um novo caminho.

Dois tubos de oxigênio depois, a minha saturação continuava em 55%. Algum tempo depois, chegou o helicóptero de resgate. O médico me disse que fui até ele na hora certa, pois os helicópteros só podiam pousar lá até certo horário. Se tivesse esperado um pouco mais para buscar socorro, teria passado a noite lá, e a chance de ter tido sequelas ou até mesmo passado por uma tragédia pior era enorme.

Voltei de helicóptero. Como a nave voava baixo, pude reviver cada passo que dei, inclusive os pontos em que quase desmaiei, vomitei, as pontes que cruzei, as fotos que tirei etc. Fui tomada por uma mistura de emoções que não sabia descrever: medo, alívio, derrota, superação e gratidão. Lágrimas escorriam pelo meu rosto. Durante todo o caminho de subida, a única imagem que tinha na mente era a famosa pedra do acampamento-base do Everest. Mantive a imagem viva na mente, como uma meta, para que não desistisse. Mas a imagem agora me parecia um devaneio, algo sem a menor importância. A partir do momento em que vi a reação alarmada do médico, a única coisa em que eu pensava era na minha casa, na minha família, na minha namorada, nos meus gatos.

Muito se fala sobre persistir. Pouco sobre desistir.

Persistência e resistência são temas centrais quando se fala de resiliência, pois envolvem a capacidade de se manter firme e se recuperar de contratempos ou dificuldades, e ambos têm as suas nuances. Persistir em algo difícil e valioso é o que frequentemente nos leva a conquistas significativas e momentos de superação. A maioria das coisas realmente valiosas e gratificantes na vida envolve enfrentar e superar desafios. A persistência nos empurra para fora da zona de conforto e nos permite alcançar metas que parecem inalcançáveis.

Contudo, a persistência também tem o seu lado negativo. Muitas vezes, somos levados a persistir em situações que não valem o esforço, simplesmente porque a sociedade glorifica a persistência e estigmatiza a desistência. Vemos os dois como forças opostas, em que um é bom e o outro é ruim, e a persistência é sempre vista como a heroína.

Minha experiência no trekking até o acampamento-base do Everest foi um exemplo nítido disso. Após dias enfrentando tempestades e desafios físicos extremos, persistir parecia a única opção. Mas, à medida que a minha saúde se deteriorava e os sinais de alerta do meu corpo se tornavam impossíveis de ignorar, fui forçada a reavaliar o que importava de verdade: a minha saúde e meu bem-estar ou a meta de chegar ao acampamento-base. Com frequência, ao nos fixarmos em um objetivo, podemos perder de vista os riscos, os aprendizados do caminho e as inúmeras outras oportunidades disponíveis, pois estamos obcecados com uma linha de chegada predefinida na qual o sucesso é medido em termos de "passar" ou "falhar".

Apesar de eu ter percorrido 100 km exaustivos e dado tudo de mim, aos olhos da sociedade não alcancei o sucesso porque não completei os últimos 2 km nem tirei a foto na icônica pedra do acampamento-base do Everest. Não consegui chegar ao destino final. Contudo, contrariando as minhas próprias expectativas, em nenhum momento senti que tinha fracassado. Pelo contrário. Desistir para mim não foi uma derrota, mas um ato de autoconhecimento e autopreservação — um ato de sobrevivência. Percebi, nessa experiência, que o que realmente importa, no fundo, é a *jornada*, e não necessariamente o destino.

Quantas vezes passamos pela mesma situação na vida? Insistimos em um relacionamento tóxico que, no fundo, sabemos que já acabou faz tempo. Em um emprego que nos faz mal, que nos joga para baixo, simplesmente porque somos ensinados a não desistir. Às vezes, é preciso coragem para desistir. É necessário coragem para dizer "não" quando todos ao seu redor esperam um "sim". É preciso coragem para se afastar de situações que não nos servem mais, seja por não contribuírem para o nosso crescimento pessoal ou por comprometerem a nossa saúde mental e física.

A viagem de volta ainda foi longa e levei semanas para absorver, entender e integrar tudo o que havia acabado de viver. Depois de muitas horas de reflexão e algumas sessões de terapia, acabei encontrando uma analogia muito mais profunda do que poderia

VOCÊ NÃO PODE
SE CURAR COM
O MESMO ESTILO
DE VIDA QUE FEZ
VOCÊ ADOECER.

@michelleschneider
O Profissional do Futuro

imaginar com relação a essa experiência no Everest quando comparada à minha jornada no mundo corporativo. Apesar de ter sido muito feliz e realizada durante a maior parte da trajetória corporativa, mesmo com os inúmeros desafios e imprevistos pelo caminho, percebi que, na reta final, o meu corpo vinha me dando sinais de que algo estava errado: primeiro o lúpus, depois apendicite, crises de coluna, insônia, burnout, sinusite crônica — foram quatro cirurgias em dois anos, e eu não tinha nem 40 anos de idade. Reconhecer esses sinais e seguir a minha intuição foram passos cruciais não apenas durante a jornada pelo Everest, mas também na decisão de desistir da carreira corporativa, pelo menos por um período, para entender e integrar a mudança de que o meu corpo precisava. Você não pode se curar com o mesmo estilo de vida que fez você adoecer.

A cultura da hiperprodutividade frequentemente nos faz acreditar que desistir é falhar. Mas como Adam Phillips sugere em *On Giving Up*, desistir pode ser uma forma de reavaliar os próprios desejos e criar um futuro diferente e mais alinhado às nossas necessidades reais. A desistência da qual Phillips fala é exatamente essa: uma desistência consciente, a que abre caminhos. Não é o "jogar tudo para o alto" por causa de um desconforto ou porque algo não aconteceu do jeito esperado. Essa postura não nos levará a lugar algum. Mas o ato de se questionar para, então, distinguir com clareza os movimentos que valem a pena (em outras palavras, aqueles que *valem a resiliência*) dos movimentos que serão apenas perda de tempo, ou até mesmo de saúde. Isso é essencial. Para um alpinista, descer faz parte da subida do Everest. Voltar atrás não é derrota ou fracasso: é estratégia. Ele sabe que, a cada vez que voltar, ficará mais forte para subir outra vez.

Nada na cultura ocidental nos ensina a desistir. Ainda vivemos sob narrativas poderosas como a do autor de sucesso que foi rejeitado por dezenas de editoras antes de ser publicado, ou da atleta que superou repetidas lesões antes de quebrar um recorde mundial. Elegemos a perseverança como uma marca das pessoas de sucesso, mas optamos deliberadamente por ignorar as histórias daqueles cuja perseverança não se mostrou frutífera. Como diz a famosa frase que agora cabe tão fortemente nesse contexto: "Todo cadáver no Everest um dia foi uma pessoa extremamente motivada". A renúncia é um ato de coragem, de autoconhecimento e de transformação. E a desistência pode ser libertadora.

Conforme avançamos nos múltiplos projetos da vida, é útil manter alguma espécie de "guia" para nós mesmos, um documento em que possamos registrar os progressos de cada empreitada, assim como quanto cada uma nos custa em termos de tempo, energia e saúde física e mental. Na obsessão por cruzar a linha de chegada, é fácil perder a noção do custo cotidiano de manter cada projeto. E se por acaso constatarmos que certo esforço já não faz mais sentido, que está sendo prejudicial a nós e um mau uso do nosso escasso tempo, então é preciso contemplar a desistência — não como ato de entrega, mas como ajuste necessário para atingir os seus objetivos. No fim, o que os outros pensarão da sua desistência importa bem pouco. A jornada, afinal, é sua e de mais ninguém.

A busca por significado

Alguns anos atrás fiz um curso de liderança e, no primeiro dia, fizemos um exercício em que cada pessoa precisava se apresentar. No entanto, não podíamos mencionar nada sobre as empresas e cargos que tínhamos ou tivemos nem nos definir por nossa biografia ou nossos laços pessoais (como dizer "sou de Campinas" ou "sou mãe de pet" ou mesmo "sou DJ"). O exercício, que a princípio parecia algo supersimples, acabou sendo muito mais profundo e complexo do que eu poderia imaginar. Se eu não era a Michelle do Google, do TikTok, ou até mesmo a DJ Michelle Schneider, quem eu era? Afinal, despidos de títulos e funções, quem realmente somos? Sugiro você fazer uma pausa rápida aqui para ver como responderia a essa pergunta.

Quando conhecemos uma pessoa nova, em geral uma das primeiras perguntas que fazemos é: "O que você faz da vida?", presumindo, muitas vezes, que o trabalho executado por uma pessoa, de certa maneira, define boa parte de quem ela é. Eu certamente compartilhava dessa visão. Assim como muitas outras pessoas, sempre tive a profissão no centro da minha vida. Além de, claro, ser a minha fonte de renda, a minha profissão, por muito tempo, me deu um senso de propósito, ditou a dinâmica do meu cotidiano, me apresentou parte do meu círculo social, e me ofereceu a chance de ganhar status e estima. Ano após ano, o meu trabalho operou e influenciou as escolhas que definiram a minha vida, até que a minha profissão e a minha identidade tornaram-se inseparáveis.

Por outro lado, sabemos que, para muitos, o trabalho é só um meio para um fim, apenas um modo de sustentar a si e a sua família, sem oferecer qualquer senso de significado ou realização. Um relatório da Gallup de 2024 mostrou que 77% dos trabalhadores de diferentes países ao redor do mundo consideram-se "não engajados" ou "ativamente desengajados" com o seu trabalho.[101]

Independentemente de qual lado da questão você esteja, à medida que nos aproximamos de um mundo em que boa parte da força de trabalho poderá se tornar obsoleta, seremos forçados a enfrentar esta questão: uma vez que o trabalho pode não mais ocupar o centro do nosso cotidiano, qual será o impacto psicológico que as pessoas sofrerão?

Em seu excelente livro *Um mundo sem trabalho*, Daniel Susskind cita um estudo realizado pela psicóloga social Marie Jahoda na década de 1930. O estudo ocorreu em Marienthal, uma vila próxima a Viena e que foi afetada pelo fechamento de um moinho de linho durante a Grande Depressão. Com o fechamento da fábrica, cerca de 75% das 478 famílias de Marienthal ficaram sem trabalho, dependendo exclusivamente de auxílio-desemprego. Para entender o impacto da perda de emprego na comunidade, Jahoda e sua equipe se integraram à vida cotidiana da vila, oferecendo uma variedade de serviços gratuitos para observar os moradores, sem que eles soubessem.

Os dados coletados por Jahoda evidenciaram uma crescente apatia e perda de direção na vida dos residentes. A interação social e o engajamento cultural sofreram uma queda drástica: o empréstimo de livros na biblioteca caiu de 3,23 por residente em 1929 para apenas 1,6 em 1931; a adesão a clubes atléticos e corais diminuiu em mais de 50%. O estudo também observou um aumento no número de denúncias anônimas contra trabalho informal, indicando um clima de desconfiança e mal-estar na comunidade. Uma observação física notável foi a mudança no comportamento dos homens desempregados, que passaram a caminhar mais lentamente e a fazer mais paradas, refletindo uma perda de propósito.

Jahoda identificou o tempo livre forçado como um "presente trágico", contrariando a hipótese de que o desemprego assistido poderia se traduzir em um período de lazer e conforto para o desempregado. Em vez disso, ela descobriu que a falta de trabalho levava a uma existência desordenada e sem foco, com os desempregados incapazes de relatar atividades significativas e satisfatórias durante os seus dias.[102] Este estudo de Marienthal não apenas ilustra a importância crítica do trabalho para a identidade, o senso de propósito e a coesão social, mas também lança luz sobre as profundas consequências psicológicas e sociais do desemprego em massa.

Susskind vai mais longe ao invocar Karl Marx e sua visão sobre a religião como "ópio do povo" — erroneamente interpretada como uma crítica ao poder dominante das igrejas. Na verdade, Marx acreditava que a religião era uma criação para dar sentido à vida. Hoje, porém, está nítido que menos pessoas têm seu cotidiano dominado pela religião. O que tomou o seu lugar? Segundo Susskind, o trabalho. "Para a maioria de nós", pontua ele, "o trabalho é o novo ópio. Como uma droga, ele proporciona a algumas pessoas a prazerosa certeza de ter um propósito, e uma sensação de pertencimento que, de um jeito ou de outro, todos buscamos. Mas, ao mesmo tempo, ele intoxica e desorienta, distraindo-nos de buscar significado em outros lugares. Isso torna difícil imaginar como poderíamos viver a nossa vida de maneira diferente".[103]

O trabalho está tão enraizado em nossa psique, nos tornamos tão dependentes dele, que muitas vezes somos incapazes de definir quem somos quando nosso ofício é retirado da equação. De modo análogo, temos dificuldade para articular um mundo no qual o trabalho seja reduzido drasticamente. Se não ocuparmos os dias com trabalho, o que exatamente faremos? Assim como a profissão é capaz de nublar a nossa identidade, a onipresença do trabalho também é capaz de ofuscar as muitas outras atividades significativas em que nós, seres humanos, somos capazes de nos engajar. À luz de tal percepção, não é difícil desbancar o mito que muitos de nós repetimos para nós mesmos ao longo da vida: que trabalhamos apenas para juntar o suficiente, para que, um dia, possamos parar de trabalhar. A verdade é que trabalhamos porque, na ausência do trabalho, não saberíamos como orientar a nossa vida ou preencher a existência. Nas palavras da filósofa Hannah Arendt: "Vivemos em uma sociedade de trabalhadores que está prestes a ser libertada das correntes do trabalho, mas esta sociedade não conhece mais aquelas outras atividades, mais elevadas e significativas, pelas quais essa liberdade mereceria ser conquistada".[104] Como conclui Susskind, não há país

COMO INDIVÍDUOS, PRECISAMOS COM URGÊNCIA APRENDER A DISSOCIAR A NOSSA IDENTIDADE DA CARREIRA. É IMPERATIVO QUE PASSEMOS A NOS ENTENDER COMO PESSOAS QUE POSSUEM UMA PROFISSÃO, E NÃO COMO PROFISSIONAIS QUE, POR ACASO, VESTEM UMA PERSONA.

@michelleschneider
O Profissional do Futuro

nem povo que possa olhar para a era do lazer e da abundância sem temor, pois fomos treinados por muito tempo para lutar, e não para desfrutar.

Nos últimos anos, muitos de nós tivemos a oportunidade de rever a relação com o trabalho. Durante a pandemia, houve muitos relatos daqueles que sentiram um senso de alívio ao serem dispensados de empregos que simplesmente não valiam os salários que pagavam. No entanto, houve também histórias terríveis daqueles que sentiram exatamente o oposto: que, ao perderem o emprego, foram tomados por um senso de devastação que não poderia ser explicado apenas pela perda de uma renda.

Tendemos a pensar no desemprego como condição anormal e temporária. Mesmo que ele se arraste por anos, acreditamos que uma hora um novo emprego surgirá, pois é a ordem natural das coisas. No entanto, em um futuro não muito distante, é possível que essa visão de mundo seja transformada: que o desemprego, amplo e perene, se torne algo normal. Nós já conhecemos os efeitos negativos do desemprego na psique individual e no contexto social, mas os efeitos da obsolescência em massa ainda são incertos. Como nos sentiremos quando nos dermos conta de que Inteligências Artificiais podem fazer quase tudo melhor do que nós? Que a economia não depende mais dos humanos para girar, que fomos passados para trás por máquinas que nós mesmos inventamos? Será que sentiremos uma estranha sensação de liberdade, como se tivéssemos, enfim, solucionado um problema que nos persegue desde que a humanidade caminha sobre a Terra? Ou será que seremos tomados por uma profunda sensação de vazio, por não termos as ferramentas necessárias para atribuir propósito e significado à nossa vida, na ausência de trabalho? Como podemos nos preparar para evitar que uma pandemia de desolação e desespero se espalhe?

Para mim, parte da resposta é que, como indivíduos, precisamos com urgência aprender a dissociar a nossa identidade da carreira. É imperativo que passemos a nos entender como pessoas que possuem uma profissão, e não como profissionais que, por acaso, vestem uma persona. O impacto de perder o emprego, ou mesmo de se tornar obsoleto, será muito menor se desenvolvermos um senso de propósito e amor-próprio que independe da atuação profissional.

Já como sociedade, precisamos pensar de maneira mais cuidadosa e consciente sobre tudo aquilo que existe *fora* do mundo do trabalho. Hoje, estamos familiarizados com políticas de mercado, com uma gama de intervenções que moldam o mundo do trabalho da maneira que a sociedade considera melhor. À medida que nos aproximamos de um mundo com menos trabalho, porém, acredito que vamos querer complementá-las com algo diferente: políticas de lazer e de senso comunitário que informem e moldem a maneira como as pessoas usam o seu tempo livre. Essa mudança de paradigma, apesar de soar revolucionária, tem raízes pragmáticas: o trabalho é uma fonte de significado para muitas pessoas não porque ele, em si, é especial, mas porque os nossos empregos são onde passamos a maior parte da vida. Só podemos encontrar significado no que de fato fazemos, assim estaremos libertos para conduzir a vida de maneira diferente — e certamente encontraremos significado em outro lugar.

A educação é outra frente que precisará ser revisitada. Afinal, hoje a prioridade para a maioria das escolas e universidades é preparar as pessoas para o mundo do trabalho. Falamos anteriormente sobre o futuro da educação para a nova era da IA que está despontando no horizonte, mas em um futuro mais distante, em que o trabalho poderá ser a exceção e não a regra, a prioridade mudará de novo: talvez não precisemos mais treinar os nossos cidadãos para trabalhar, mas (espero) passemos a aprofundar cada vez mais a nossas habilidades humanas — aquelas que nos diferenciam dos robôs.

Enquanto alguns podem desejar se dedicar a atividades tradicionalmente vistas como lazer, outros podem buscar engajamentos mais estruturados, que reflitam aspectos do trabalho tradicional. No entanto, a natureza do que muitos escolherão fazer provavelmente divergirá de maneira significativa das normas atuais de trabalho. Nesse cenário, a autoconsciência e o desenvolvimento de habilidades para lidar com mudanças significativas tornam-se essenciais. É fundamental pensar no futuro não como uma questão de simplesmente ter mais tempo livre, mas como uma oportunidade para redefinir o que valorizamos e como encontramos propósito. Em um mundo com menos ênfase no trabalho como o conhecemos, seremos chamados a reexaminar os propósitos fundamentais da vida. O desafio não será apenas como sobreviver, mas como viver de maneira plena e significativa, levantando questões sobre o que realmente constitui uma vida rica em propósito e satisfação.

CONCLUSÃO

CAPÍTULO 7 — A FRONTEIRA DO MAPA

Sobre padrões, medo, vulnerabilidade e ousadia

"É impossível viver sem cometer erros, a menos que você viva de maneira tão cautelosa que acabe por não viver plenamente. E, nesse cenário, o fracasso já é dado como certo, pois você já falhou."
— J. K. Rowling[105]

Não acredito que a felicidade pura, sem ego, sem comparações e sem pressão — aquela felicidade genuína — seja fácil de conquistar. Claro que não. Será que é mais fácil viver no automático ou de modo mais autêntico? Não sei. Talvez esse caminho em que estou hoje seja o mais difícil, mas acredito que, para mim, ele também é o mais libertador e mais verdadeiro. Porque percebo que aquilo que eu considerava importante, aquilo que achava especial, no fundo podia ser só distração. E é um tanto contraditório dizer isso, pois quando seguimos o padrão estabelecido pela sociedade, às vezes percebemos que o que todos estão fazendo/vivendo não é o que queremos fazer/viver. Nem todo mundo quer casar ou ter filhos; nem todo mundo quer largar tudo e tirar um ano sabático; nem todo mundo quer trabalhar em empresas de tecnologia. A verdadeira beleza da vida não é óbvia.

Algumas vezes, será preciso quebrar esses padrões, outras vezes não. Eu, particularmente, tenho a sensação de que todas as vezes em que quebrei padrões ao seguir um impulso interno experienciei os maiores avanços e felicidade da minha vida, mas cada pessoa vai ter de saber o que é melhor para si. São escolhas e questões individuais.

Li um livro há algum tempo, escrito por uma enfermeira australiana chamada Bronnie Ware. Ela trabalhou por muitos anos com

LEVEI ANOS PARA PERCEBER QUE EU ERA UMA PERFEITA NINGUÉM. EU ATENDIA ÀS DEMANDAS DA SOCIEDADE, ÀS DEMANDAS DO MEU TRABALHO, ÀS DEMANDAS DA MINHA FAMÍLIA, MENOS ÀS MINHAS. ATÉ PORQUE NÃO TINHA A MENOR IDEIA DE QUAIS ERAM AS MINHAS PRÓPRIAS VONTADES SENÃO ATENDER ÀS EXPECTATIVAS DOS OUTROS.

@michelleschneider
O Profissional do Futuro

pacientes em estado terminal e compartilhava em um blog as lições de vida que aprendia com seus pacientes. O blog acabou se transformando em um livro chamado *Antes de partir*. Uma das partes mais conhecidas é a lista dos cinco principais arrependimentos das pessoas à beira da morte:

OS 5 PRINCIPAIS ARREPENDIMENTOS DAS PESSOAS À BEIRA DA MORTE

- ☑ 1 Eu gostaria de ter tido coragem de ter vivido uma vida fiel a mim mesma, e não à vida que os outros esperavam de mim.
- ☑ 2 Eu gostaria de não ter trabalhado tanto.
- ☑ 3 Eu gostaria de ter tido coragem para expressar meus sentimentos.
- ☑ 4 Eu gostaria de ter mantido contato com os meus amigos.
- ☑ 5 Eu gostaria de ter me permitido ser mais feliz.

No fim da minha palestra do TEDx, falo a seguinte frase: "Venho acordando de anos em que vivi anestesiada. Levei anos para perceber que eu era uma perfeita ninguém. Eu atendia às demandas da sociedade, às demandas do meu trabalho, às demandas da minha família, menos às minhas. Até porque não tinha a menor ideia de quais eram as minhas próprias vontades senão atender às expectativas dos outros. E hoje quando me perguntam o que é que me fez acordar de tudo isso, digo que foi o amor. O amor em descobrir e aceitar a beleza das minhas próprias imperfeições".

Aqui, estava me referindo à minha história com a Lívia, que já contei anteriormente. E sabe o que fiz ali? *Vivi uma vida fiel a mim mesma, e não à vida que os outros esperavam de mim* — 1º item da lista dos maiores arrependimentos que as pessoas têm antes de morrer. Isso além de *ter me permitido ser mais feliz* (5º item). Foi um processo duro, sim, mas como comentei, foi libertador.

Das milhares de mensagens que já recebi de pessoas que viram meu TEDx, posso dizer para vocês que mais da metade delas tocavam exatamente nesse ponto. Pessoas me dizendo que também vivem para agradar os outros, que também não sabem quais são as próprias vontades, e muitas me pedem ajuda nesse lugar. Iniciei o livro falando sobre as inúmeras possibilidades que temos hoje em dia para tomarmos as grandes decisões da vida. No entanto, apesar da vasta gama de escolhas, muitos de nós ainda deixam que padrões estabelecidos, chefes, pais, a sociedade, e agora até mesmo os algoritmos, decidam os rumos de nossa vida. Essa tendência de satisfazer as expectativas dos outros, buscando uma aprovação social que é meramente temporária, é citada com frequência como *o maior* arrependimento das pessoas em seus leitos de morte. Acredito que o primeiro e mais importante passo para viver uma vida plena e autêntica é o autoconhecimento. Com ele, vem a coragem necessária para se expor, desafiar o convencional e quebrar barreiras, quando necessário, para moldar um futuro que realmente desejamos. Ainda vivemos em uma sociedade que nos incentiva, desde crianças, a trilhar caminhos preestabelecidos. O esforço para romper com esses padrões não virá do nosso sistema educacional ou das empresas em que trabalhamos; precisa vir de nós mesmos — de dentro de nós.

Confesso que ler aquele livro e ver que o segundo maior arrependimento das pessoas antes de morrer era "*eu gostaria de não ter trabalhado tanto*" (2º item) me deu um empurrão para me desligar do mundo corporativo. O que mais escuto das pessoas à minha volta é o quanto estão exaustas, esgotadas de tanto trabalhar, e foi assim que vivi os últimos anos. Não estou dizendo para ninguém sair por aí pedindo demissão — tenho plena consciência do gigantesco privilégio que é poder abrir mão de um emprego, algo que a vasta maioria das pessoas simplesmente não pode fazer. Mas acredito que precisamos criar consciência de qual lugar o trabalho está ocupando na nossa vida, e ver como podemos encontrar um equilíbrio maior.

Muitas pessoas se afundam no trabalho pois acreditam que a riqueza trará felicidade. No entanto, o que os estudos sobre felicidade apontam é que, uma vez que as necessidades básicas do ser humano estejam garantidas, a riqueza deixa de ser fator crucial para alcançar a felicidade. Uma das investigações mais longas sobre a felicidade adulta é um estudo de Harvard que já dura mais de 85 anos. Iniciado em 1938, este estudo acompanhou 724 homens, monitorando diversos aspectos de sua vida, desde a saúde física até as relações sociais. Robert Waldinger, o atual diretor do estudo, revelou, em uma popular palestra TED, que o fator mais determinante para a felicidade e a saúde ao longo da vida é nada mais, nada menos, do que as *boas relações*.[106] Ao contrário da crença popular de que dinheiro e status trazem satisfação, os resultados sugerem que aqueles que mantêm relacionamentos próximos e de qualidade, seja com familiares, amigos ou comunidade, são mais felizes e saudáveis (4º item da lista: "*Eu gostaria de ter mantido contato com os meus amigos*"). A boa notícia é que a construção desses relacionamentos independe de seu trabalho ou de quanto dinheiro você tem no banco — depende apenas do tempo e da atenção que você escolhe dedicar à construção dessas relações. Porém, apesar de estarmos conectados com milhares de pessoas nas redes sociais, muitos de nós nunca nos sentimos tão sozinhos. Com que frequência estamos jantando e vemos todas as pessoas (inclusive nós mesmos) no celular? Quantas vezes estamos falando com uma pessoa sobre algum assunto delicado, vulnerável, e a pessoa está dizendo "uhum..."? Participando pela metade, com a cabeça em outro assunto, ou até mesmo respondendo a outra mensagem no celular. A mensagem é: "Estou aqui, mas não estou presente". E o pior é que passamos a aceitar e nos acostumar com essa atenção distraída, como se isso fosse o suficiente, mas não é. A psicoterapeuta Esther Perel chama isso de IA, mas não a IA que falamos tanto aqui no livro. Ela chama isso de Intimidade Artificial.

No entanto, mesmo que saibamos de todas essas coisas, em um nível racional, por que romper com as expectativas da sociedade é tão difícil? A resposta é simples: porque dá medo.

Brené Brown começa o seu livro *A coragem de ser imperfeito* com este trecho do discurso "Cidadania em uma república" (ou "O homem na arena"), proferido na Sorbonne por Theodore Roosevelt, em 1910: "Não é o crítico que conta; não é o homem que aponta como o homem forte tropeça, ou onde o realizador de feitos poderia tê-los feito melhor. O crédito pertence ao homem que está realmente na arena, cujo rosto está manchado de poeira, suor e sangue; que se esforça valentemente; que erra, que vem aquém de novo e de novo, porque não há esforço sem erro e falha; mas que de fato se esforça para fazer os feitos; que conhece grandes entusiasmos, grandes devoções; que se gasta por uma causa digna; que, ao melhor, no final, conhece o triunfo de grandes realizações e que, no pior, se ele falhar, ao menos falha enquanto ousa grandiosamente, de modo que seu lugar nunca será com aquelas almas frias e tímidas que nem conhecem vitória nem derrota".

Caso você ainda não conheça a Brené Brown, por favor pare tudo agora e vá assistir ao TED Talk "O poder da vulnerabilidade".[107] É, sem dúvida, o meu TED Talk favorito. Ela é uma pesquisadora, professora, autora e palestrante americana, e é conhecida por seu trabalho sobre vulnerabilidade, coragem, empatia e vergonha.

Brené define a vulnerabilidade como "a emoção que experimentamos durante momentos de incerteza, risco e exposição emocional". Para Brown, ser vulnerável não é uma fraqueza, mas sim uma força. Ela argumenta que a vulnerabilidade é a base da inovação, criatividade e mudança. Ela destaca que, muitas vezes, evitamos a vulnerabilidade por medo de sermos julgados ou rejeitados. No entanto, ela argumenta que é somente por meio da aceitação e do enfrentamento da vulnerabilidade que podemos experimentar a verdadeira coragem e conexão com os outros.

Para Brown, é importante reconhecer e aceitar a nossa imperfeição e humanidade para vivermos de maneira mais autêntica e plena. Vulnerabilidade não é conhecer vitória ou derrota; é compreender a necessidade de ambas, é se envolver, se entregar por inteiro. A incerteza que enfrentamos todos os dias não é opcional. Ser perfeito e "à prova de bala" são conceitos sedutores, mas que não condizem com a realidade humana. É preciso respirar fundo e abraçar os riscos, sejam eles quais forem: uma nova carreira, um novo relacionamento, um novo hobby, uma conversa difícil em família. Em vez de nos sentarmos na arquibancada e vivermos de julgamentos e críticas, apontando o dedo para os que ousam, nós devemos ousar entrar na arena e deixar que nos vejam.

Quando estava preparando a minha palestra do TEDx, chegava todos os dias à noite depois do trabalho e ensaiava o meu roteiro, que já estava pronto, e na maioria das vezes a Lívia via e dava alguns palpites e algumas sugestões. Quando faltavam uns dez dias para o grande dia, estávamos na estrada e ela me disse: "Sabe, acho que a sua palestra está muito [cheia de] dados. Estou sentindo falta de ver você aí. Você acabou de passar por uma transformação de vida tão linda e profunda, por que não fala sobre isso?".

Fiquei insegura de me expor dessa forma, disse que aquele era um ambiente profissional, que era uma palestra sobre o profissional do futuro e que a minha história com ela e essa transformação pessoal não tinham nada a ver com o assunto. Ela insistiu que eu precisava me expor mais, e me disse que achava, sim, que tinha tudo a ver com o assunto. Pressionada e um tanto irritada, acabei soltando essa pérola: "O TEDx é meu, não é seu. Quando você tiver o seu, fala o que quiser". Dá para ver que a minha inteligência emocional não estava muito afiada naquela época. Mas é claro que aquilo ficou na minha cabeça. Naquela mesma semana revi a palestra da Brené Brown sobre vulnerabilidade e pensei que, talvez, a Lívia tivesse razão. Tentei validar a ideia com algumas amigas do mundo corporativo, sobre expor esse lado mais humano e sensível, mas dei de cara com a parede: era consenso, entre elas, que não tinha nada a ver eu ficar expondo a minha vida pessoal em uma palestra sobre o mundo profissional. No entanto, quando faltavam apenas três dias para a minha apresentação, mudei todo o fim. Resolvi me colocar vulnerável diante do público e, mesmo com muito medo, resolvi "entrar na arena" e terminei a palestra falando de amor. Para mim, foi a vulnerabilidade expressa nesse final que permitiu uma conexão tão profunda com tantas pessoas, e acredito que esse final teve uma contribuição enorme para o convite para escrever este livro.

O ato de viver com ousadia não é sobre ser destemido. É sobre ter medo e, mesmo assim, dar o passo adiante. É sobre abraçar a incerteza, o desconhecido e os desafios que a vida apresenta, sabendo que, no fim do dia, o que realmente importa não é se vencemos ou perdemos, mas se tivemos a coragem de tentar. Podemos escolher viver à margem, protegidos de possíveis falhas e julgamentos. Ou podemos escolher viver com ousadia, abraçando cada desafio e oportunidade com coragem, paixão e autenticidade. E, no final, é essa escolha que define a vida que vivemos, o legado que deixamos para trás e os arrependimentos que teremos antes de partir.

Quem será, afinal, o profissional do futuro?

Há cerca de oito anos, iniciei uma jornada para tentar mapear um pouco melhor essa fatia cada vez mais estreita do tempo a que chamamos de futuro. Duas perguntas guiaram a minha exploração: como seria o futuro do trabalho? O que significaria ser um profissional nesse futuro?

À medida que nos aproximamos do fim deste livro, sou compelida a me perguntar o que, afinal de contas, é o trabalho. A definição desse termo, que parece autoevidente para cada um de nós, não parece ser consenso. Quando falamos de trabalho, do que exatamente estamos falando?

Para nós, nascidos nos séculos XX e XXI, é difícil desassociar os conceitos de "trabalho" e de "compensação", pois vivemos dentro de um sistema econômico que, em última instância, condiciona a definição de um à de outro, a ponto de se tornarem dois lados da mesma moeda. Trabalho é a troca do nosso tempo, esforço e habilidade por dinheiro. Há trabalhos que não são remunerados (o trabalho de cuidar do que é nosso, ou um trabalho voluntário), mas para todos os efeitos, trabalho é o que fazemos para "ganhar a vida". Ser um profissional é ser um especialista em um tipo de trabalho.

No entanto, tal correlação entre tempo, esforço e compensação monetária nem sempre existiu. Antes de haver sistemas de compensação, as sociedades humanas já se organizavam coletivamente, dividindo o trabalho necessário entre os seus indivíduos por parâmetros que tinham pouco a ver com o acúmulo de riqueza pessoal. A própria noção de trabalho-compensação também evoluiu conforme novas tecnologias surgiram e novas abordagens econômicas se cristalizaram ao seu redor. O primeiro trabalho da humanidade foi, de certa maneira, sobreviver à natureza. Depois, conforme nos organizamos em torno da agricultura, criamos cidadelas, bens de consumo, moedas (daí os primeiros salários). Com as indústrias, viramos máquinas de maximizar: produção, lucro e crescimento. Logo nos tornamos prestadores de serviço, especialistas, pensadores, inventores e cientistas. Mais tarde, com o advento da revolução digital, demos outro salto, um salto que eventualmente nos levou ao topo da montanha em que nos encontramos hoje: seres humanos tão capazes que seriam considerados deuses por aqueles que fundaram os primeiros vilarejos. No entanto, a tecnologia, esse cavalo que montamos com tanta destreza ao longo dessa jornada, agora parece dar sinais de descontrole. A cada relinchar nervoso, a cada pinote inesperado, estamos mais incertos do nosso governo sobre ela, e mais assustadoramente conscientes do seu peso e sua fúria.

Assim chegamos à fronteira do mapa: o lugar em que o futuro, por ainda não ter se revelado, é imune ao mapeamento. Do alto dessa montanha, observamos com atenção conforme a neblina se dissipa. O exercício de especular, mais do que tentador, parece inescapável: na impossibilidade de saber, nos resta tentar adivinhar. O que estará do lado de lá?

O objetivo de olhar para o futuro não é prevê-lo, e sim estar mais bem preparado. Há tendências, apontadas por este livro, que parecem certas: a prevalência das soft skills sobre as hard skills, a importância de desenvolver aprendizado contínuo e letramento tecnológico, a necessidade de trabalhar a nossa inteligência emocional e o autoconhecimento, e o imperativo de cuidar da saúde física e mental. Essas habilidades são preciosas e serão cruciais para a nossa sobrevivência enquanto profissionais, em um futuro próximo. Tal conjunto de habilidades extravasa o campo profissional e adentra o território dos indivíduos e das sociedades, que invariavelmente serão transformadas por elas.

No entanto, é impossível não observar que essas habilidades ainda estão pautadas na existência de algo semelhante a um mercado de trabalho, nos moldes em que o conhecemos. Mas o que acontece se esse paradigma for quebrado?

A popularização da Inteligência Artificial parece colocar dois processos paralelos em curso: de um lado, uma explosão da produtividade; do outro, uma crescente onda de obsolescência que atingirá boa parte da espécie humana. Estamos diante de um ponto de inflexão inédito, cujas implicações estamos apenas começando a entender. E o espectro de especulação é o maior possível: vai do céu ao inferno.

No cenário mais pessimista, a IA causará uma crise perene de desemprego. Uma vez que uma IA for capaz de fazer até o que o ser humano mais hábil é capaz de fazer, não haverá mais incentivo (dentro do mapa de incentivos do capitalismo em que vivemos) para empregar seres humanos. Na ausência de uma espetacular rede de segurança social, cuja viabilidade ninguém ainda foi capaz de provar, o resultado é que os humanos serão trancados para fora da economia que eles mesmos criaram. Ao perderem o seu valor enquanto força de trabalho, perderiam também o seu valor enquanto consumidores, mesmo em um cenário em que o preço dos bens de consumo despenque. Seria uma sociedade distópica, de milagres econômicos e recordes de produtividade, mas com a vasta maioria das pessoas vivendo uma existência miserável, não apenas no sentido material da palavra, mas também no sentido emocional e psicológico.

No entanto, há quem enxergue a IA como uma força utópica e libertadora, uma tecnologia tão poderosa que permitiria, pela primeira vez, criar um sistema econômico não pautado pela escassez, mas sim pela abundância. Ao automatizar todas as tarefas necessárias para o pleno funcionamento da sociedade, ao empoderar os indivíduos com essas superferramentas, as IAs estariam criando um sistema cuja eficiência e produtividade são tão estratosféricas que elevariam a qualidade de vida de todos, sem exceção. Além disso, essas tecnologias devolveriam à humanidade o seu bem mais precioso: o tempo. Estaríamos finalmente livres das jornadas extenuantes de trabalho, livres para cuidar de nós mesmos, para descansar, para nos divertir e para sonhar novos sonhos.

A meu ver, o provável é que acabemos em algum lugar no meio do caminho. Acredito que essas transformações farão a gente repensar por completo a nossa relação com o trabalho e com o tempo. Aqui reside a grande incógnita, o ponto cego em que deposito a minha esperança. Seja por imposição ou pelo rearranjo natural da economia, o provável é que trabalhemos menos. E então, quando nos vermos diante dessas horas livres, talvez a gente se recorde que houve épocas em que não usávamos nosso tempo, esforço e habilidade apenas para ganhar dinheiro, mas para olhar para nós mesmos e uns para os outros, para nos conhecer, nos engajar e construir comunidades melhores — não em troca de dinheiro, mas pela satisfação de empregar a nossa energia para um fim no qual acreditávamos. Talvez, tomados de assalto em uma quarta-feira de ócio, a gente sinta como se tivesse finalmente saído de uma corrida desenfreada, que corríamos sem nem perceber, e assim a gente possa se perguntar que tipo de mundo queremos construir com o nosso tempo, esforço e talento. Com nosso trabalho.

Após refletir sobre o futuro do trabalho, chego à minha última e, talvez, mais crucial reflexão: quem será, então, o profissional do futuro? Se nossa influência individual parece tão limitada diante das transformações tecnológicas que estão por vir, somos nós, e apenas nós, os verdadeiros e únicos responsáveis pelo nosso destino profissional. O futuro individual será escrito com as reflexões e decisões que cada um de nós tomar hoje, no presente.

SAIR DO AUTOMÁTICO ME FEZ PERCEBER QUANTAS PESSOAS TÊM CARREIRAS DE SUCESSO AOS OLHOS DA SOCIEDADE, MAS ESTÃO PROFUNDAMENTE INFELIZES E DOENTES, DEPENDENDO DE REMÉDIOS PARA DORMIR, PARA ACORDAR, PARA ANSIEDADE, PARA DEPRESSÃO, PARA MELHORAR O FOCO, PARA EMAGRECER.

@michelleschneider
O Profissional do Futuro

Quando comecei a explorar este tema, em 2018, percebi que parte das habilidades que eu considerava essenciais já estavam presentes em mim. Sempre busquei aprender novas coisas, me considero uma profissional plural, me mantenho atualizada das novas tecnologias, sempre mantive uma rede de contatos forte, entre outras coisas. Mas, ao aprofundar a minha jornada, percebi que ser um profissional do futuro vai muito além de habilidades externas. Ao abordar também assuntos mais relacionados ao lado humano e interno desse profissional, comecei a perceber que eu estava bem distante do que acreditava ser o caminho ideal.

Você já ouviu a expressão "walk the talk", que significa colocar em prática aquilo que se fala ou promete? Quando iniciei a escrita deste livro, percebi que não estava cumprindo o que eu mesma defendia. Senti como se fosse uma farsa ao tentar escrever sobre princípios em que eu acreditava, mas os quais não vivenciava plenamente. Como alguém à beira do esgotamento poderia escrever sobre o profissional do futuro? Curiosamente, foi o burnout, ao lado de outros desafios, que me motivou a mergulhar em minhas necessidades internas e compartilhar aprendizados valiosos sobre a busca incessante por significado na vida.

Escrever este livro exigiu que eu fizesse uma pausa e olhasse para dentro. Ao sair do automático, pude ouvir minha intuição e perceber os sinais — principalmente de saúde — que a vida oferecia. Se pretendia discutir sobre ser um profissional do futuro, precisava antes exemplificar isso. Assim, tive coragem de romper com o mundo corporativo e embarcar na busca pelo equilíbrio que eu julgava faltar em minha vida.

Pouco mais de um ano depois dessa pausa, ficou evidente para mim que o profissional do futuro será aquele que conseguir equilibrar o lado tecnológico com o humano e encontrar o equilíbrio entre o sucesso profissional e a saúde física e mental. Sair do automático me fez perceber quantas pessoas têm carreiras de sucesso aos olhos da sociedade, mas estão profundamente infelizes e doentes, dependendo de remédios para dormir, para acordar, para ansiedade, para depressão, para melhorar o foco, para emagrecer. E assim estamos criando uma sociedade dopaminérgica, viciada, que se adoenta na tentativa de ficar mais saudável e mais produtiva. Tenho ouvido com frequência cada vez maior pessoas próximas com casos de burnout e de esgotamento físico e mental. Estamos normalizando algo que não deveria ser normalizado. Se encararmos a carreira como um sprint, em vez de uma maratona, vamos quebrar no meio do caminho.

O profissional do futuro, para mim, será aquele que entende que nossa carreira é uma longa jornada, exigindo preparo, resiliência e pausas para recuperação. Precisamos de uma abordagem mais holística e sustentável, priorizando o bem-estar tanto quanto o desempenho. Em um mundo cada vez mais acelerado e tecnológico, que exige de nós cada vez mais eficiência e produtividade, acredito que a verdadeira evolução está na nossa capacidade de nos conectar profundamente com nossas emoções, valores e intuições.

Refletir sobre nosso papel no mundo nos leva a questionar sobre como podemos contribuir para um futuro melhor. É sobre sermos melhores seres humanos, criando um impacto positivo ao redor, seja com a família, os colegas de trabalho, e quem sabe, até com as pessoas que sequer conhecemos. Quando paramos para nos escutar e escutar ao outro, entendemos que o nosso crescimento individual reverbera na sociedade. As escolhas que fazemos, as atitudes que tomamos e a forma como tratamos os outros moldam o mundo em que vivemos.

É claro que isso tudo são possibilidades, mas o que sinto é que, independentemente do que vai acontecer no futuro, nós, humanos, hoje nos tornamos cada vez melhores em compreender o cérebro e a inteligência, mas a nossa consciência está evoluindo cada vez menos.

E as pessoas confundem inteligência e consciência. Inteligência é a capacidade de resolver problemas. Consciência é a capacidade de sentir. Estamos criando Inteligência Artificial, mas não estamos criando consciência artificial. Ainda bem.

O futurista Raymond Kurzweil diz que, no ano de 2029, um computador vai se tornar tão inteligente quanto nós, seres humanos, e que, em 2045, um único computador vai ser mais inteligente do que toda a humanidade junta. No entanto, não há indícios de que um dia máquinas serão capazes de sentir, sonhar ou questionar o seu propósito neste planeta. Então, se é isso que vai nos diferenciar dos robôs, precisamos investir as nossas fichas no desenvolvimento da consciência humana. Uma Inteligência Artificial pode operar com precisão e até simular emoções, mas ela mesma nunca sentirá. Ela terá sempre uma bateria onde, dentro de nós, humanos, bate um coração.

Se não aprendermos que a felicidade não está em ter, mas em ser, continuaremos criando mais e mais robôs humanos, afinal, não é preciso ser um robô para agir como um. Por isso, enquanto avançamos no âmbito tecnológico, devemos nos fortalecer internamente, cultivando as nossas emoções e a nossa humanidade. **O profissional do futuro, para mim, nada mais é do que um ser humano do futuro**: uma pessoa mais conectada consigo mesma, com os outros e com o meio ambiente. Alguém cujo norte deixará de ser a mera produtividade, empregabilidade e ascensão profissional, e passará a ser o engrandecimento pessoal e coletivo. Um especialista naquilo que robô nenhum jamais conseguirá nos superar: em ser **gente**.

Então, pergunto a você, leitor: o que está fazendo hoje para cultivar a sua humanidade? Como está se preparando para ser não apenas um profissional do futuro, mas um ser humano do futuro?

Parte das ferramentas para atravessar essa transformação, acredito eu, estão neste livro.

Boa sorte na sua jornada.

Vejo vocês do outro lado.

AGRADECIMENTOS

Em um mundo em que as IAs parecem estar por todos os lados, é fácil esquecer de que, no fim das contas, são as pessoas que realmente fazem a diferença. Porque, sejamos honestos, ainda não inventaram uma IA capaz de dar aquele abraço caloroso ou oferecer um ombro amigo na hora certa. Foi essa rede humana, com toda a sua empatia e o seu apoio, que me sustentou durante a minha jornada.

Meus primeiros agradecimentos são para as pessoas que tiveram um impacto direto neste livro. Começo pela Fernanda Brunsizian, que em 2018 me convidou para fazer um TEDx que acabaria mudando a minha carreira. Livia Oliveira, editora, que, ao assistir ao meu TEDx, me enviou uma mensagem no LinkedIn me convidando para escrever um livro — algo que eu nunca teria imaginado. Cauê Laratta, um grande amigo, que inicialmente iria apenas dar alguns feedbacks, mas acabou atuando como editor, me ensinou que a escrita leva tempo, exige muita paciência e que não podemos simplesmente querer "tirar isso da frente". Agradeço a paciência, troca, ensinamentos e parceria — este livro não seria o mesmo sem você. Dany Sakugawa, que me ensinou tudo sobre esse mundo novo para mim que é o mercado editorial, Franciane Batagin, que fez a leitura crítica e trouxe feedbacks e sugestões excelentes, e Mayara Facchini, que me ajudou a desenvolver os primeiros passos e ideias do livro.

Gostaria também de expressar minha imensa gratidão a todos aqueles que apoiaram e endossaram este projeto, ajudando a amplificar sua mensagem. Um agradecimento especial a Rebeca Andrade, Alok, Ricardo Amorim, Konrad Dantas (Kondzilla), Edu Lyra, Fábio Coelho, Luciano Santos, Beatriz Bottesi, Tiago Mattos,

Ronaldo Lemos, Ana Moisés, Adriana Salles Gomes, Petria Chaves, Gary Bolles, Mônica Magalhães e Pacete. Agradeço ainda às pessoas que me ajudaram a conseguir tais endossos — sem elas, esses reconhecimentos fundamentais não teriam sido possíveis: Marcello Schneider, Danielle Schneider e Cauê Zaccaroni.

Agradeço também de coração à minha família, em especial aos meus pais, por terem batalhado tanto para me dar educação, amor e valores que me fizeram ser quem sou hoje. Lívia, minha namorada, que tem um impacto profundo na minha vida, me ensinou a ouvir o meu coração, a minha intuição e a ser eu mesma, que leu e deu feedback a todas as centenas de versões que escrevi deste livro, até que ele chegasse à versão final. Danielle, Thomás e Melissa, além dos meus pequenos pets Cookie e Milk. Amo muito todos vocês.

Enviei o manuscrito para alguns amigos, pedindo que encontrassem erros e problemas. Agradeço os elogios, críticas e feedbacks fundamentais para a melhora do projeto. Beatriz Bottesi, Camille Telles, Gabriela Procópio e Cauê Laratta.

Tive muitos chefes na vida, mas agradeço em especial e de coração a vocês que me inspiraram, me ensinaram e sempre acreditaram em mim. A profissional que sou hoje vem de aprendizados e trocas com vocês: Ana Moisés, Carol Rocha, Pablo Abeleira, Sérgio Frota, Luiz Drouet e William Ribeiro (meu "chefe DJ").

Por fim, agradeço a toda a equipe da editora Buzz, em especial ao Anderson Cavalcante e à Thalita Mattos por acreditarem no meu trabalho, à Diana Szylit pelo trabalho editorial impecável, entre muitos outros colaboradores da editora, que demonstraram profissionalismo durante todo o processo que, devo dizer, foi muito além das minhas expectativas.

Por fim, mas não menos importante, meu sincero agradecimento a você, leitor ou leitora, que dedicou seu tempo para mergulhar nas páginas deste livro. Espero que as reflexões aqui compartilhadas possam inspirar a sua jornada.

NOTAS

Introdução

1 THE Future of Jobs Employment: Skills and Workforce Strategy for the Fourth Industrial Revolution. *World Economic Forum*, jan. 2016. Disponível em: https://www3.weforum.org/docs/WEF_FOJ_Executive_Summary_Jobs.pdf. Acesso em: 22 ago. 2024.

PARTE I — O CONTEXTO

Capítulo I

2 AMY Webb Launches 2024 Emerging Tech Trend Report | SXSW 2024. 2024. Vídeo (69 min). Publicado pelo canal *SXSW*. Disponível em: https://www.youtube.com/watch?v=5uLSDbh6M_U. Acesso em: 22 ago. 2024.

3 TURING, Alan Mathison. Computing Machinery and Intelligence. *Internet Archive Wayback Machine*, 2024 (1950). Disponível em: https://web.archive.org/web/20080702224846/http://loebner.net/Prizef/TuringArticle.html. Acesso em: 22 ago. 2024.

4 MCCARTHY, John et al. A Proposal for the Dartmouth Summer Research Project on Artificial Intelligence. *Internet Archive Wayback Machine*, 2024 (31 ago. 1955). Disponível em: https://web.archive.org/web/20070826230310/http://www-formal.stanford.edu/jmc/history/dartmouth/dartmouth.html. Acesso em: 24 ago. 2024.

5 ALPHAGO — The Movie | Full Award-Winning Documentary. 2020. Vídeo (90min27seg). Publicado pelo canal *Google DeepMind*. Disponível em: https://www.youtube.com/watch?v=WXuK6gekU1Y. Acesso em: 22 ago. 2024.

6 HASSABIS, Demis. How AI is Unlocking the Secrets of Nature and the Universe. *TED*, abr. 2024. Disponível em: https://www.ted.com/talks/demis_hassabis_how_ai_is_unlocking_the_secrets_of_nature_and_the_universe?subtitle=en. Acesso em: 22 ago. 2024.

7 KURZWEIL, Ray. *A singularidade está próxima: quando os humanos transcendem a biologia*. São Paulo, Iluminuras. 2018. p. 319.

8 OASIS: IA cria novo álbum com som da banda; "melhor que tudo que está por aí", diz Liam Gallagher. *Terra*, 20 abr. 2023. Disponível em: https://www.terra.com.br/diversao/musica/oasis-ia-cria-novo-album-com-som-da-banda-melhor-que-tudo-que-esta-por-ai-diz-liam-gallagher,71d750275f98971389a3643d722155bf7pr0moms.html. Acesso em: 22 ago. 2024.

9 AISIS: The Lost Tapes / Vol.1 (In Style of Oasis / Liam Gallagher — AI Mixtape/Album). 2023. Vídeo (36min36seg). Publicado pelo canal *AISIS*. Disponível em: https://www.youtube.com/watch?v=whB21dr2Hlc. Acesso em: 22 ago. 2024.

10 MARMÉ, Paulo. Português criou empresa que tem como CEO... o Chat GPT. Num mês, obteve mais de 100 mil euros de financiamento. *Forbes*, 29 abr. 2023. Disponível em: https://www.forbespt.com/portugues-criou-empresa-que-tem-como-ceo-o-chat-gpt-num-mes-obteve-mais-de-100-mil-euros-de-financiamento/?doing_wp_cron=1710787878.5476438999176025390625. Acesso em: 22 ago. 2024.

11 PRESSE, France. Artista alemão causa polêmica ao ganhar concurso com foto criada com inteligência artificial. *G1*, 18 abr. 2023. Disponível em: https://g1.globo.com/tecnologia/noticia/2023/04/18/artista-alemao-causa-polemica-ao-ganhar-concurso-com-foto-criada-com-inteligencia-artificial.ghtml. Acesso em: 22 ago. 2024.

12 CONHEÇA as previsões de Ray Kurzweil para o futuro da humanidade. *Medium (Futuro Exponencial)*, 5 jun. 2017. Disponível em: https://medium.com/futuro-exponencial/conhe%C3%A7a-as-previs%C3%B5es-de-ray-kurzweil-para-o-futuro-da-humanidade-267ddcf04b27#:~:text=Embora%20estejamos%20muito%20longe%20de,aqui%20a%20rela%C3%A7%C3%A3o%20de%20acertos). Acesso em: 22 ago. 2024.

13 THE Singularity Is Nearer featuring Ray Kurzweil | SXSW 2024. 2024. Vídeo (59min21seg). Publicado pelo canal *SXSW*. Disponível em: https://www.youtube.com/watch?v=xh2v5oC5Lx4. Acesso em: 22 ago. 2024.

14 TEGMARK, Max. *Vida 3.0: o ser humano na era da inteligência artificial*. São Paulo: Benvirá, 2020.

15 DUPRÉ, Maggie Harrison. Microsoft Researchers Claim GPT-4 Is Showing "Sparks" of AGI. *Futurism*, 23 mar. 2023. Disponível em: https://futurism.com/gpt-4-sparks-of-agi. Acesso em: 22 ago. 2024.

16 OPENAI and Elon Musk. *OpenAI*, 5 mar. 2024. Disponível em: https://openai.com/blog/openai-elon-musk. Acesso em: 22 ago. 2024.

17 THE Singularity Is Nearer featuring Ray Kurzweil | SXSW 2024. 2024. Vídeo (59min21seg). Publicado pelo canal *SXSW*. Disponível em: https://www.youtube.com/watch?v=xh2v5oC5Lx4. Acesso em: 22 ago. 2024.

PARTE 2 — OS IMPACTOS

Capítulo 2

18 FABRO, Clara. "Nós nos amamos": mulher larga namorado e casa com Inteligência Artificial. *Techtudo*, 18 jul. 2023. Disponível em: https://www.techtudo.com.br/noticias/2023/07/nos-nos-amamos-mulher-larga-namorado-e-casa-com-inteligencia-artificial-edviralizou.ghtml. Acesso em: 22 ago. 2024.

19 LEI da UE sobre IA: primeira regulamentação de inteligência artificial. *Parlamento Europeu*, 18 jun. 2024. Disponível em: https://www.europarl.europa.eu/pdfs/news/expert/2023/6/story/20230601STO93804/20230601STO93804_pt.pdf. Acesso em: 22 ago. 2024.

20 SUMMARY of the 2023 WGA MBA. *Writers Guild of America West*, 2024. Disponível em: https://www.wga.org/contracts/contracts/mba/summary-of-the-2023-wga-mba. Acesso em: 22 ago. 2024.

21 NOAM Chomsky on ChatGPT: It's "Basically High-Tech Plagiarism" and "a Way of Avoiding Learning". *Open Culture*, 10 fev. 2023. Disponível em: Acesso em: 22 ago. 2024.

22 HOW AI and the Metaverse will Shape Society with Ian Beacraft | SXSW 2023. 2023. Vídeo (58min). Publicado pelo canal *SXSW*. Disponível em: https://www.youtube.com/watch?v=sTCuoqOb2xE. Acesso em: 22 ago. 2024.

23 HUBERT, Kent F. et al. The Current State of Artificial Intelligence Generative Language Models is More Creative Than Humans on Divergent Thinking Tasks. *Scientific Reports*, v. 14, n. 3440, 2024. Disponível em: https://www.nature.com/articles/s41598-024-53303-w. Acesso em: 22 ago. 2024.

24 ELLINGRUD, Kweilin et al. Which Jobs Will Be in Demand? Which Ones are Shrinking? And Which Ones Could Be Hardest to Fill?. *McKinsey & Company*, 26 jul. 2023. Disponível em: https://www.mckinsey.com/mgi/our-research/generative-ai-and-the-future-of-work-in-america. Acesso em: 22 ago. 2024.

25 FREY, Carl Benedikt et al. The Future of Employment. *Oxford Martin School*, 17 set. 2013. Disponível em: https://www.oxfordmartin.ox.ac.uk/downloads/academic/future-of-employment.pdf. Acesso em: 22 ago. 2024.

26 THE Future of Jobs Report 2025. *World Economic Forum*, 07 jan. 2025. Disponível em: https://www.weforum.org/publications/the-future-of-jobs-report-2025/. Acesso em: 22 jan. 2025.

27 PARKER, Ceri. Mark Zuckerberg — "We should explore universal basic incomes". *World Economic Forum*, 29 mai. 2017. Disponível em: https://www.weforum.org/agenda/2017/05/mark-zuckerberg-we-should-explore-universal-basic-incomes/. Acesso em: 22 ago. 2024.

28 MANCINI, Jeannine. Elon Musk Predicts A "Universal High Income" As Jobs Are Phased Out And Employment Becomes Obsolete — It'll Be "Somewhat Of An Equalizer". *Yahoo! Finance*, 18 mar. 2024. Disponível em: https://finance.yahoo.com/news/elon-musk-predicts-universal-high-160015532.html. Acesso em: 22 ago. 2024.

29 CLIFFORD, Catherine. Pope Francis: "This may be the time to consider a universal basic wage". *CNBC*, 13 abr. 2020. Diponível em: https://www.cnbc.com/2020/04/13/pope-francis-it-may-be-the-time-to-consider-a-universal-basic-wage.html. Acesso em: 22 ago. 2024.

30 SAMUEL, Sigal. Everywhere Basic Income Has Been Tried, in One Map. *Vox*, 20 out. 2020. Disponível em: https://www.vox.com/future-perfect/2020/2/19/21112570/universal-basic-income-ubi-map. Acesso em: 22 ago. 2024.

31 ALLAS, Tera et al. An Experiment to Inform Universal Basic Income. *McKinsey & Company*, 15 set. 2020. Disponível em: https://www.mckinsey.com/industries/social-sector/our-insights/an-experiment-to-inform-universal-basic-income. Acesso em: 22 ago. 2024.

32 NASCIMENTO, Houldine. Entenda como será gasto o Orçamento de R$ 5,5 trilhões em 2024. *Poder360*, 28 out. 2023. Disponível em: https://www.poder360.com.br/congresso/entenda-como-sera-gasto-o-orcamento-de-r-55-trilhoes-em-2024/. Acesso em: 22 ago. 2024.

33 MONTEIRO, Renan. Gastos com Previdência vão a quase R$ 1 trilhão, e analistas defendem revisão de regras. *O Globo*, 19 fev. 2024. Disponível em: https://oglobo.globo.com/economia/noticia/2024/02/19/gastos-com-previdencia-vao-a-quase-r-1-trilhao-e-analistas-defendem-revisao-de-regras.ghtml. Acesso em: 22 ago. 2024.

34 THE robot that takes your job should pay taxes, says Bill Gates. *Quartz*, 17 fev. 2017. Disponível em: https://qz.com/911968/bill-gates-the-robot-that-takes-your-job-should-pay-taxes. Acesso em: 22 ago. 2024.

35 COVID-19 Boosted the Adoption of Digital Financial Services. *World Bank Group*, 21 jul. 2022. Disponível em: https://www.worldbank.org/en/news/feature/2022/07/21/covid-19-boosted-the-adoption-of-digital-financial-services. Acesso em: 22 ago. 2024.

36 BLANIA, Alex et al. Apresentamos a Worldcoin. World Coin, 2024. Disponível em: https://worldcoin.org/cofounder-letter. Acesso em: 22 ago. 2024.

37 MARINS, Lucas Gabriel. Worldcoin: cripto do criador do ChatGPT é distribuída em 4 endereços em SP em troca de cadastro da íris. *InfoMoney*, 28 jul. 2023. Disponível em: https://www.infomoney.com.br/onde-investir/worldcoin-cripto-do-criador-do-chatgpt-e-distribuida-em-4-enderecos-em-sp-em-troca-de-cadastro-da-iris/. Acesso em: 22 ago. 2024.

38 HARARI, Yuval Noah. Universal Basic Income Is Neither Universal Nor Basic. *Bloomberg*, 4 jun. 2017. Disponível em: https://www.bloomberg.com/view/articles/2017-06-04/universal-basic-income-is-neither-universal-nor-basic. Acesso em: 22 ago. 2024.

39 EM 2022, expectativa de vida era de 75,5 anos. *Agência IBGE Notícias*, 29 nov. 2023. Disponível em: https://agenciadenoticias.ibge.gov.br/agencia-sala-de-imprensa/2013-agencia-de-noticias/releases/38455-em-2022-expectativa-de-vida-era-de-75-5-anos. Acesso em: 22 ago. 2024.

40 DAVID Sinclair: Extending the Human Lifespan Beyond 100 Years | Lex Fridman Podcast #189. 2021. Vídeo (81min33seg). Publicado pelo canal *Lex Fridman*. Disponível em: https://www.youtube.com/watch?v=jhKZIq3SlYE&t=4s. Acesso em: 22 ago. 2024.

41 MINERVA University Once Again Named Most Innovative University in the World. *Minerva University*, 17 mai. 2023. Disponível em: https://www.minerva.edu/announcements/minerva-university-once-again-named-most-innovative-university-in-the-world/. Acesso em: 22 ago. 2024.

42 DANIEL Castanho: o embaixador do futuro da educação no Brasil | Papo de Tubarões. 2023. Vídeo (72min22seg). Publicado pelo canal *Cris Arcangeli*. Disponível em: https://www.youtube.com/watch?v=Cs0O2Jr_KIo. Acesso em: 22 ago. 2024.

43 BRAUN, Julia. Temos que tomar controle da IA antes que bandidos e governos autoritários o façam, diz pioneiro da educação a distância. *BBC*, 30 ago. 2023. Disponível em: https://www.bbc.com/portuguese/articles/c9ej1l1913mo. Acesso em: 22 ago. 2024.

44 V.O. Complete. The Educational Keys in the Era of Artificial Intelligence. Kai-Fu Lee, Expert in AI. 2023. Vídeo (57min17seg). Publicado pelo canal *Aprendemos Juntos 2030*. Disponível em: https://www.youtube.com/watch?v=-KQ581tn-pM. Acesso em: 22 ago. 2024.

45 THE Future of Jobs Report 2023. *World Economic Forum*, 07 jan. 2025. Disponível em: https://www.weforum.org/publications/the-future-of-jobs-report-2025/. Acesso em: 22 jan. 2025.

46 FINK, Larry. Larry Fink's 2024 Annual Chairman's Letter to Investors. *BlackRock*, 2024. Disponível em: https://www.blackrock.com/corporate/investor-relations/larry-fink-annual-chairmans-letter. Acesso em: 22 ago. 2024.

47 WHY & How Green is the New Digital. Futurist Gerd Leonhard GerdTalks#6 #Sustainability #Greenfuture. 2022. Vídeo (36min31seg). Publicado pelo canal *Gerd Leonhard*. Disponível em: https://www.youtube.com/watch?v=WH-EiN0Xazw. Acesso em: 22 ago. 2024.

48 A CONVERSATION With the Founder of NVIDIA: Who Will Shape the Future of AI?. 2024. Vídeo (23min57seg). Publicado pelo canal *World Governments Summit*. Disponível em: https://www.youtube.com/watch?v=8Pm2xEViNIo. Acesso em: 22 ago. 2024.

49 SISU 2024: saiba quais os cursos mais concorridos até o momento. *O Globo*, 24 jan. 2024. Disponível em: https://oglobo.globo.com/brasil/educacao/enem-e-vestibular/noticia/2024/01/24/sisu-2024-saiba-quais-os-cursos-mais-concorridos-ate-o-momento.ghtml. Acesso em: 22 ago. 2024.

50 THE Future of Jobs Report 2018. *World Economic Forum*, 17 set. 2018. Disponível em: https://www.weforum.org/publications/the-future-of-jobs-report-2018/. Acesso em: 22 ago. 2024.

51 THE Future of Jobs Report 2018. *World Economic Forum*, 17 set. 2018. Disponível em: https://www.weforum.org/publications/the-future-of-jobs-report-2018/. Acesso em: 22 ago. 2024.

52 THE Future of Jobs Report 2025. *World Economic Forum*, 7 jan. 2025. Disponível em: https://www.weforum.org/publications/the-future-of-jobs-report-2025/in-full//. Acesso em: 22 jan. 2025.

53 BARBOSA, Vanessa. “O futuro é de quem sabe navegar no caos e fica confortável nele”, diz futurista Luis Candreva. *Época Negócios*, 22 jun. 2022. Disponível em: https://epocanegocios.globo.com/Empresa/noticia/2022/06/o-futuro-e-de-quem-sabe-navegar-no-caos-e-fica-confortavel-nele-diz-futurista-luis-candreva.html. Acesso em: 22 ago. 2024.

PARTE 3 — COMO NOS PREPARAMOS?

Capítulo 3

54 LEADING countries based on Facebook audience size as of April 2024. *Statista*, abr. 2024. Disponível em: https://www.statista.com/statistics/268136/top-15-countries-based-on-number-of-facebook-users/. Acesso em: 22 ago. 2024.

55 LEADING countries based on YouTube audience size as of July 2024. *Statista*, jul. 2024. Disponível em: https://www.statista.com/statistics/280685/number-of-monthly-unique-youtube-users. Acesso em: 22 ago. 2024.

56 LU, Yiwen. Driverless Taxis Can Expand San Francisco Services, Regulators Say. *The New York Times*, 10 ago. 2023. Disponível em: https://www.nytimes.com/2023/08/10/technology/driverless-cars-san-francisco.html. Acesso em: 22 ago. 2024.

57 CANO, Ricardo. Cruise, Waymo Reveal How Many Driverless Cars They Have in S.F. and How Often They Stall on City Streets. *San Francisco Chronicle*, 8 ago. 2023. Disponível em: https://www.sfchronicle.com/sf/article/cruise-waymo-driverless-cars-in-s-f-18282902.php. Acesso em: 22 ago. 2024.

58 LARA, Lorena. Brasil tem 1,6 milhão de pessoas trabalhando como entregadores ou motoristas de aplicativos. *G1*, 13 abr. 2023. Disponível em: https://g1.globo.com/trabalho-e-carreira/noticia/2023/04/13/brasil-tem-16-milhao-de-pessoas-trabalhando-como-entregadores-ou-motoristas-de-aplicativos.ghtml. Acesso em: 22 ago. 2024.

59 CHEGOU a hora de você desaprender. *Exame*, 22 out. 2019. Disponível em: https://exame.com/colunistas/crescer-em-rede/chegou-a-hora-de-voce-desaprender/. Acesso em: 22 ago. 2024.

60 O QUE é um profissional T-Shaped?. *Mirago Blog*, 24 jul. 2024. Disponível em: https://www.mirago.com.br/aula/profissional-t-shaped/. Acesso em: 22 ago. 2024.

61 BILLION Dollar Teams: The Future of an AI Powered Workforce | SXSW 2024. 2024. Vídeo (54min26seg). Publicado pelo canal SXSW. Disponível em: https://www.youtube.com/watch?v=1MZoxuxAfTM. Acesso em: 22 ago. 2024.

62 ROBINSON, Sir Ken. Do Schools Kill Creativity?. *TED*, fev. 2006. Disponível em: https://www.ted.com/talks/sir_ken_robinson_do_schools_kill_creativity?language=pt&delay=3m&subtitle=en. Acesso em: 22 ago. 2024.

63 STEVE Jobs' 2005 Stanford Commencement Address. 2008. Vídeo (15min04seg). Publicado pelo canal *Stanford*. Disponível em: https://www.youtube.com/watch?v=UF8uR6Z6KLc. Acesso em: 22 ago. 2024.

Capítulo 4

64 WANG, Dayong et al. Deep Learning for Identifying Metastatic Breast Cancer. *Cornell University*, 18 jun. 2016. Disponível em: https://arxiv.org/abs/1606.05718. Acesso em: 22 ago. 2024.

65 WINSTON, Andrew. The Big Pivot. *TED*, set. 2014. Disponível em: https://www.ted.com/talks/andrew_winston_the_big_pivot?subtitle=en&geo=pt-br. Acesso em: 22 ago. 2024.

66 CONHEÇA Eduardo Lyra, um empreendedor social de sucesso: "Tenho uma história muito particular com a pobreza". *G1 Globo Repórter*, 17 dez. 2021. Disponível em: https://g1.globo.com/globo-reporter/noticia/2021/12/17/conheca-eduardo-lyra-um-empreendedor-social-de-sucesso-tenho-uma-historia-muito-particular-com-a-pobreza.ghtml. Acesso em: 22 ago. 2024.

67 SPECIAL report — Digital 2024. *We Are Social*, 2024. Disponível em: https://wearesocial.com/uk/blog/2024/01/digital-2024/. Acesso em: 22 ago. 2024.

68 NUMBER of users of selected social media platforms in Brazil from 2018 to 2028, by platform. *Statista*, 2024. Disponível em: https://www.statista.com/statistics/1346220/social-media-users-brazil-by-platform/. Acesso em: 22 ago. 2024.

69 KEMP, Simon. The Time We Spend on Social Media. *Data Reportal*, 31 jan. 2024. Disponível em: https://datareportal.com/reports/digital-2024-deep-dive-the-time-we-spend-on-social-media. Acesso em: 22 ago. 2024.

70 FERRAZ, Carolina. "O TikTok é uma plataforma de entretenimento, não uma rede social". *#TMJ*, 2024. Disponível em: https://tmjuntos.com.br/tecnologia/o-tiktok-e-uma-plataforma-de-entretenimento-nao-uma-rede-social/. Acesso em: 22 ago. 2024.

71 YOUR brand is what people say about you when you're not in the room. *Amplifica Digital*, 6 fev. 2024. Disponível em: https://amplificadigital.com.br/en/blog/your-brand-and-what-people-say-about-you-when-you%27re-not-in-the-room/. Acesso em: 22 ago. 2024.

72 GONÇALVES, Ana Graciele. Influenciadores digitais já ultrapassam em número carreiras tradicionais. *Revista Brasileira de Administração*, 17 mar. 2023. Disponível em: https://revistarba.org.br/digital-influencer-se-consolida-como-profissao/#:~:text=O%20estudo%20feito%20pela%20Nielsen,e%20Dentistas%20(374%20mil). Acesso em: 22 ago. 2024.

Capítulo 5

73 THE Future of Jobs Report 2023. *World Economic Forum*, 30 abr. 2023. Disponível em: https://www.weforum.org/publications/the-future-of-jobs-report-2023/. Acesso em: 22 ago. 2023.

74 UNDERSTANDING the 5 Components of Emotional Intelligence for Success. *BooKey*, 13 fev. 2024. Disponível em: https://www.bookey.app/topic/understanding-the-5-components-of-emotional-intelligence-for-success. Acesso em: 22 ago. 2024.

75 GOLEMAN, Daniel. *Inteligência emocional: a teoria revolucionária que redefine o que é ser inteligente*. São Paulo: Objetiva, 1996. p. 81.

76 AZEVEDO, Dagmar Juliane H. et al. Emoções e suas implicações no ensino/aprendizagem. *Centro Universitário Internacional Uninter*, 2021. Disponível em: https://repositorio.uninter.com/bitstream/handle/1/727/EMOESE~1.PDF?isAllowed=y&sequence=1. Acesso em: 22 ago. 2024.

77 COMPETÊNCIAS socioemocionais como fator de proteção à saúde mental e ao bullying. *Base Nacional Comum Curricular*, 2024. Disponível em: http://basenacionalcomum.mec.gov.br/implementacao/praticas/caderno-de-praticas/aprofundamentos/195-competencias-socioemocionais-como-fator-de-protecao-a-saude-mental-e-ao-bullying#:~:text=Na%20BNCC%2C%20as%20compet%C3%AAncias%20socioemocionais,compet%C3%AAncias%20socioemocionais%20em%20seus%20curr%C3%ADculos. Acesso em: 22 ago. 2024.

78 GOLEMAN, Daniel. *Inteligência emocional: a teoria revolucionária que redefine o que é ser inteligente*. São Paulo: Objetiva, 1996. p. 14.

79 SIMON Sinek: Trust vs Performance (Must Watch!). 2022. Vídeo (2min27seg). Publicado pelo canal *Gabe Villamizar*. Disponível em: https://www.youtube.com/watch?v=PTo9e3ILmms. Acesso em: 22 ago. 2024.

80 5 COMPONENTS of Emotional Intelligence You Need to Become a More Effective Leader. *EWF International*, 27 abr. 2022. Disponível em: https://ewfinternational.com/5-components-emotional-intelligence-effective-leadership/#:~:text=Goleman's%20EQ%20theory%20comprises%20five,apply%20it%20to%20your%20life. Acesso em: 22 ago. 2024.

81 BERTRAND, Lino. Carl Jung — "Quem olha para fora sonha, quem olha para dentro desperta". *Jung na prática*, 13 set. 2021. Disponível em: https://www.jungnapratica.com.br/carl-jung-quem-olha-para-fora-sonha-quem-olha-para-dentro-desperta/. Acesso em: 22 ago. 2024.

82 MELLO, Patrícia Campos. Documentário da Netflix "O dilema das redes" assusta, mas oferece poucas respostas a dilema. *Folha de S.Paulo*, 21 set. 2020. Disponível em: https://www1.folha.uol.com.br/mundo/2020/09/documentario-da-netflix-dilema-das-redes-assusta-mas-oferece-poucas-respostas-a-dilema.shtml. Acesso em: 22 ago. 2024.

83 TECNOLOGIA adivinha orientação sexual por meio de reconhecimento facial. *Forbes*, 29 set. 2017. Disponível em: https://forbes.com.br/colunas/2017/09/tecnologia-adivinha-orientacao-sexual-por-meio-de-reconhecimento-facial/. Acesso em: 22 ago. 2024.

84 VÍDEO: paciente que recebeu 1º implante da Neuralink mostra como chip cerebral funciona. *G1*, 20 mar. 2024. Disponível em: https://g1.globo.com/inovacao/noticia/2024/03/20/neuralink-revela-paciente-que-recebeu-1o-implante-de-chip-cerebral.ghtml. Acesso em: 22 ago. 2024.

Capítulo 6

85 1 BILHÃO de pessoas vivem com algum transtorno mental, afirma OMS. *ONU News*, 17 jun. 2022. Disponível em: https://news.un.org/pt/story/2022/06/1792702. Acesso em: 22 ago. 2024.

86 CARVALHO, Rone. Por que o Brasil tem a população mais ansiosa do mundo. *BBC*, 27 fev. 2023. Disponível em: https://g1.globo.com/saude/noticia/2023/02/27/por-que-o-brasil-tem-a-populacao-mais-ansiosa-do-mundo.ghtml. Acesso em: 22 ago. 2024.

87 ANUALMENTE, mais de 700 mil pessoas cometem suicídio, segundo OMS. *Ministério da Saúde*, 16 set. 2022. Disponível em: https://www.gov.br/saude/pt-br/assuntos/noticias/2022/setembro/anualmente-mais-de-700-mil-pessoas-cometem-suicidio-segundo-oms. Acesso em: 22 ago. 2024.

88 BERNARDO, André. Precisamos falar sobre burnout. *Veja Saúde*, 20 mai. 2019. Disponível em: https://saude.abril.com.br/especiais/precisamos-falar-sobre-burnout/. Acesso em: 22 ago. 2024.

89 SÍNDROME de Burnout já é classificada como doença ocupacional. *Jornal da PUC-SP*, 4 mar. 2022. Disponível em: https://j.pucsp.br/noticia/sindrome-de-burnout-ja-e-classificada-como-doenca-ocupacional. Acesso em: 22 ago. 2024.

90 NIZAN Guanaes: "Nas redes sociais, parece que ninguém tem problema". *Veja*, 4 jun. 2024. Disponível em: https://veja.abril.com.br/paginas-amarelas/nizan-guanaes-nas-redes-sociais-parece-que-ninguem-tem-problema. Acesso em: 22 ago. 2024.

91 BONDY, Halley. This is how Arianna Huffington fights burnout. *MSNBC*, 17 mai. 2019. Disponível em: https://www.msnbc.com/know-your-value/how-arianna-huffington-fights-burnout-n1005076. Acesso em: 22 ago. 2024.

92 SCHWANTES, Marcel. Steve Jobs Said Living a Happy, Successful Life Comes Down to This Rare Mindset. *Inc.*, 30 out. 2023. Disponível em: https://www.inc.com/marcel-schwantes/steve-jobs-said-living-a-happy-successful-life-comes-down-to-this-rare-mindset.html. Acesso em: 22 ago. 2023.

93 SCUTTI, Susan. Michael Phelps: "I am extremely thankful that I did not take my life". *CNN*, 20 jan. 2018. Disponível em: https://edition.cnn.com/2018/01/19/health/michael-phelps-depression/index.html. Acesso em: 22 ago. 2024.

94 MEDINA abre o jogo sobre problemas familiares, choro na água e depressão: "As coisas param de fazer sentido". *ESPN*, 24 abr. 2022. Disponível em: https://www.espn.com.br/surfe/artigo/_/id/10267239/gabriel-medina-abre-jogo-sobre-problemas-familiares-choro-agua-depressao-coisas-param-fazer-sentido. Acesso em: 22 ago. 2024.

95 SIMONE Biles: por que desistir às vezes pode fazer bem à saúde, segundo especialistas. *BBC*, 27 jul. 2021. Disponível em: https://www.bbc.com/portuguese/internacional-57993220. Acesso em: 22 ago. 2024.

96 VASCONCELLOS, Lucas. Como Anitta: veja os sinais de que seu colega tem burnout e saiba ajudar. *Universa UOL*, 10 set. 2019. Disponível em: https://www.uol.com.br/universa/noticias/redacao/2019/09/10/como-anitta-veja-os-sinais-de-que-seu-colega-tem-burnout-e-saiba-ajudar.htm. Acesso em: 22 ago. 2024.

97 ROCHA, Lucas. Mais de 70% dos brasileiros sofrem com alterações no sono, apontam estudos. *CNN*, 18 mar. 2023. Disponível em: https://www.cnnbrasil.com.br/saude/mais-de-70-dos-brasileiros-sofrem-com-alteracoes-no-sono-apontam-estudos/. Acesso em: 22 ago. 2024.

98 GUERRA, Arthur; GUANAES, Nizan. *Você aguenta ser feliz?: como cuidar da saúde mental e física para ter qualidade de vida*. Rio de Janeiro: Sextante, 2022. p. 134.

99 MEDITATION and Mindfulness: What You Need To Know. *NCCIH*, jun. 2022. Disponível em: https://www.nccih.nih.gov/health/meditation-and-mindfulness-what-you-need-to-know. Acesso em: 22 ago. 2024.

100 WESTRA, Henny. The Effectiveness of Psychotherapy: What the Research Tells Us. *Find a Psychologist*, 2024. Disponível em: https://www.findapsychologist.org/the-effectiveness-of-psychotherapy-what-the-research-tells-us/. Acesso em: 22 ago. 2024.

101 GALLUP. *State of the Global Workplace: 2024 Report*. Washington, 2024.

102 SUSSKIND, Daniel. *Um mundo sem trabalho*. Porto: Porto Editora, 2020.

103 SUSSKIND, Daniel. Um mundo sem trabalho. Porto: Porto Editora, 2020, p. 225.

104 ARENDT, Hannah. *The Human Condition*. Londres: The University of Chicago Press, 1998. p. 82.

Capítulo 7

105 J.K. ROWLING Speaks at Harvard Commencement. 2011. Vídeo (20min58seg). Publicado por *Harvard Magazine*. Disponível em: https://www.youtube.com/watch?v=wHGqp8lz36c. Acesso em: 22 ago. 2024.

106 WALDINGER, Robert. What makes a Good Life? Lessons From the Longest Study on Happiness. *TED*, nov. 2015. Disponível em: https://www.ted.com/talks/robert_waldinger_what_makes_a_good_life_lessons_from_the_longest_study_on_happiness?language=pt-br. Acesso em: 23 ago. 2024.

107 BROWN, Brené. The power of vulnerability. *TED*, jun. 2010. Disponível em: https://www.ted.com/talks/brene_brown_the_power_of_vulnerability?language=pt-br. Acesso em: 23 ago. 2024.

REFERÊNCIAS BIBLIOGRÁFICAS

1 BILHÃO de pessoas vivem com algum transtorno mental, afirma OMS. *ONU News*, 17 jun. 2022. Disponível em: https://news.un.org/pt/story/2022/06/1792702. Acesso em: 22 ago. 2024.

16PERSONALITIES. Disponível em: https://www.16personalities.com/pt. Acesso em: 25 ago. 2024.

5 COMPONENTS of Emotional Intelligence You Need to Become a More Effective Leader. *EWF International*, 27 abr. 2022. Disponível em: https://ewfinternational.com/5-components-emotional-intelligence-effective-leadership/#:~:text=Goleman's%20EQ%20theory%20comprises%20five,apply%20it%20to%20your%20life. Acesso em: 22 ago. 2024.

A CONVERSATION With the Founder of NVIDIA: Who Will Shape the Future of AI?. 2024. Vídeo (23min57seg). Publicado pelo canal *World Governments Summit*. Disponível em: https://www.youtube.com/watch?v=8Pm2xEViNIo. Acesso em: 22 ago. 2024.

AISIS: The Lost Tapes / Vol. 1 (In Style of Oasis / Liam Gallagher — AI Mixtape/Album). 2023. Vídeo (36min36seg). Publicado pelo canal *AISIS*. Disponível em: https://www.youtube.com/watch?v=whB21dr2Hlc. Acesso em: 22 ago. 2024.

ALLAS, Tera et al. An Experiment to Inform Universal Basic Income. *McKinsey & Company*, 15 set. 2020. Disponível em: https://www.mckinsey.com/industries/social-sector/our-insights/an-experiment-to-inform-universal-basic-income. Acesso em: 22 ago. 2024.

ALPHAGO: The Movie | Full Award-Winning Documentary. 2020. Vídeo (90min27seg). Publicado pelo canal *Google DeepMind*. Disponível em: https://www.youtube.com/watch?v=WXuK6gekU1Y. Acesso em: 22 ago. 2024.

AMY Webb Launches 2024 Emerging Tech Trend Report | SXSW 2024. 2024. Vídeo (69min). Publicado pelo canal *SXSW*. Disponível em: https://www.youtube.com/watch?v=5uLSDbh6M_U. Acesso em: 22 ago. 2024.

ANUALMENTE, mais de 700 mil pessoas cometem suicídio, segundo OMS. *Ministério da Saúde*, 16 set. 2022. Disponível em: https://www.gov.br/saude/pt-br/assuntos/noticias/2022/setembro/anualmente-mais-de-700-mil-pessoas-cometem-suicidio-segundo-oms Acesso em: 11 fev. 2025.

ARENDT, Hannah. *The Human Condition*. Londres: The University of Chicago Press, 1998.

AZEVEDO, Dagmar Juliane H. et al. Emoções e suas implicações no ensino/aprendizagem. *Centro Universitário Internacional Uninter*, 2021. Disponível em: https://repositorio.uninter.com/bitstream/handle/1/727/EMOESE~1.PDF?isAllowed=y&. Acesso em: 22 ago. 2024.

BARBOSA, Vanessa. “O futuro é de quem sabe navegar no caos e fica confortável nele”, diz futurista Luis Candreva. *Época Negócios*, 22 jun. 2022. Disponível em: https://epocanegocios.globo.com/Empresa/noticia/2022/06/o-futuro-e-de-quem-sabe-navegar-no-caos-e-fica-confortavel-nele-diz-futurista-luis-candreva.html. Acesso em: 22 ago. 2024.

BERNARDO, André. Precisamos falar sobre burnout. *Veja Saúde*, 20 mai. 2019. Disponível em: https://saude.abril.com.br/especiais/precisamos-falar-sobre-burnout/. Acesso em: 22 ago. 2024.

BERTRAND, Lino. Carl Jung — “Quem olha para fora sonha, quem olha para dentro desperta”. *Jung Na Prática*, 13 set. 2021. Disponível em: https://www.jungnapratica.com.br/carl-jung-quem-olha-para-fora-sonha-quem-olha-para-dentro-desperta/. Acesso em: 22 ago. 2024.

BIG FIVE. Disponível em: https://bigfive-test.com/pt-br. Acesso em: 25 ago. 2024.

BILLION Dollar Teams: The Future of an AI Powered Workforce | SXSW 2024. 2024. Vídeo (54min26seg). Publicado pelo canal SXSW. Disponível em: https://www.youtube.com/watch?v=1MZoxuxAfTM. Acesso em: 22 ago. 2024.

BJERKE, Joshua. American Workplace Study Finds Most Workers Lack Engagement with Their Jobs. *Recruiter*, 2024. Disponível em: https://www.recruiter.com/recruiting/american-workplace-study-finds-most-workers-lack-engagement-with-their-jobs/. Acesso em: 22 ago. 2024.

BLANIA, Alex et al. Apresentamos a Worldcoin. *World Coin*, 2024. Disponível em: https://worldcoin.org/cofounder-letter. Acesso em: 22 ago. 2024.

BONDY, Halley. This is how Arianna Huffington fights burnout. *MSNBC*, 17 mai. 2019. Disponível em: https://www.msnbc.com/know-your-value/how-arianna-huffington-fights-burnout-n1005076. Acesso em: 22 ago. 2024.

BRAUN, Julia. Temos que tomar controle da IA antes que bandidos e governos autoritários o façam, diz pioneiro da educação a distância. *BBC*, 30 ago. 2023. Disponível em: https://www.bbc.com/portuguese/articles/c9ej1l1913mo. Acesso em: 22 ago. 2024.

BROWN, Brené. The power of vulnerability. *TED*, jun. 2010. Disponível em: https://www.ted.com/talks/brene_brown_the_power_of_vulnerability?language=pt-br. Acesso em: 23 ago. 2024.

BROWN, Brené. *A coragem de ser imperfeito: como aceitar a própria vulnerabilidade, vencer a vergonha e ousar ser quem você é*. Rio de Janeiro: Sextante, 2016.

CANO, Ricardo. Cruise, Waymo Reveal How Many Driverless Cars They Have in S. F. and How Often They Stall on City Streets. *San Francisco Chronicle*, 8 ago. 2023. Disponível em: https://www.sfchronicle.com/sf/article/cruise-waymo-driverless-cars-in-s-f-18282902.php. Acesso em: 22 ago. 2024.

CARVALHO, Rone. Por que o Brasil tem a população mais ansiosa do mundo. *BBC*, 27 fev. 2023. Disponível em: https://g1.globo.com/saude/noticia/2023/02/27/por-que-o-brasil-tem-a-populacao-mais-ansiosa-do-mundo.ghtml. Acesso em: 22 ago. 2024.

CAVALLINI, Ricardo. *Para os seus próximos mil anos: um manual para profissões que ainda não existem*. Jundiaí: Conectomus, 2023.

CHEGOU a hora de você desaprender. *Exame*, 22 out. 2019. Disponível em: https://exame.com/colunistas/crescer-em-rede/chegou-a-hora-de-voce-desaprender/. Acesso em: 22 ago. 2024.

CLIFFORD, Catherine. Pope Francis: "This may be the time to consider a universal basic wage". *CNBC*, 13 abr. 2020. Diponível em: https://www.cnbc.com/2020/04/13/pope-francis-it-may-be-the-time-to-consider-a-universal-basic-wage.html. Acesso em: 22 ago. 2024.

COMPETÊNCIAS socioemocionais como fator de proteção à saúde mental e ao bullying. *Base Nacional Comum Curricular*, 2024. Disponível em: http://basenacionalcomum.mec.gov.br/implementacao/praticas/caderno-de-praticas/aprofundamentos/195-competencias-socioemocionais-como-fator-de-protecao-a-saude-mental-e-ao-bullying#:~:text=Na%20BNCC%2C%20as%20compet%C3%AAncias%20socioemocionais,compet%C3%AAncias%20socioemocionais%20em%20seus%20curr%C3%ADculos. Acesso em: 22 ago. 2024.

CONHEÇA as previsões de Ray Kurzweil para o futuro da humanidade. *Medium (Futuro Exponencial)*, 5 jun. 2017. Disponível em: https://medium.com/futuro-exponencial/conhe%C3%A7a-as-previs%C3%B5es-de-ray-kurzweil-para-o-futuro-da-humanidade-267ddcf04b27#:~:text=Embora%20estejamos%20muito%20longe%20de,aqui%20a%20rela%C3%A7%C3%A3o%20de%20acertos). Acesso em: 22 ago. 2024.

CONHEÇA Eduardo Lyra, um empreendedor social de sucesso: "Tenho uma história muito particular com a pobreza". *G1 Globo Repórter*, 17 dez. 2021. Disponível em: https://g1.globo.com/globo-reporter/noticia/2021/12/17/conheca-eduardo-lyra-um-empreendedor-social-de-sucesso-tenho-uma-historia-muito-particular-com-a-pobreza.ghtml. Acesso em: 22 ago. 2024.

COVID-19 Boosted the Adoption of Digital Financial Services. *World Bank Group*, 21 jul. 2022. Disponível em: https://www.worldbank.org/en/news/feature/2022/07/21/covid-19-boosted-the-adoption-of-digital-financial-services. Acesso em: 22 ago. 2024.

DANIEL Castanho: o embaixador do futuro da educação no Brasil | Papo de Tubarões. 2023. Vídeo (72min22seg). Publicado pelo canal *Cris Arcangeli*. Disponível em: https://www.youtube.com/watch?v=CsOO2Jr_KIo. Acesso em: 22 ago. 2024.

DAVID Sinclair: Extending the Human Lifespan Beyond 100 Years | Lex Fridman Podcast #189. 2021. Vídeo (81min33seg). Publicado pelo canal *Lex Fridman*. Disponível em: https://www.youtube.com/watch?v=jhKZIq3SlYE&t=4s. Acesso em: 22 ago. 2024.

DUPRÉ, Maggie Harrison. Microsoft Researchers Claim GPT-4 Is Showing "Sparks" of AGI. *Futurism*, 23 mar. 2023. Disponível em: https://futurism.com/gpt-4-sparks-of-agi. Acesso em: 22 ago. 2024.

ELLINGRUD, Kweilin et al. Which Jobs Will Be in Demand? Which Ones are Shrinking? And Which Ones Could Be Hardest to Fill?. *McKinsey & Company*, 26 jul. 2023. Disponível em: https://www.mckinsey.com/mgi/our-research/generative-ai-and-the-future-of-work-in-america. Acesso em: 22 ago. 2024.

EM 2022, expectativa de vida era de 75,5 anos. *Agência IBGE Notícias*, 29 nov. 2023. Disponível em: https://agenciadenoticias.ibge.gov.br/agencia-sala-de-imprensa/2013-agencia-de-noticias/releases/38455-em-2022-expectativa-de-vida-era-de-75-5-anos. Acesso em: 22 ago. 2024.

FABRO, Clara. "Nós nos amamos": mulher larga namorado e casa com Inteligência Artificial. *Techtudo*, 18 jul. 2023. Disponível em: https://www.techtudo.com.br/noticias/2023/07/nos-nos-amamos-mulher-larga-namorado-e-casa-com-inteligencia-artificial-edviralizou.ghtml. Acesso em: 22 ago. 2024.

FERRAZ, Carolina. "O TikTok é uma plataforma de entretenimento, não uma rede social". *#TMJ*, 2024. Disponível em: https://tmjuntos.com.br/tecnologia/o-tiktok-e-uma-plataforma-de-entretenimento-nao-uma-rede-social/. Acesso em: 22 ago. 2024.

FINK, Larry. Larry Fink's 2024 Annual Chairman's Letter to Investors. *BlackRock*, 2024. Disponível em: https://www.blackrock.com/corporate/investor-relations/larry-fink-annual-chairmans-letter. Acesso em: 22 ago. 2024.

FREY, Carl Benedikt et al. The Future of Employment. *Oxford Martin School*, 17 set. 2013. Disponível em: https://www.oxfordmartin.ox.ac.uk/downloads/academic/future-of-employment.pdf. Acesso em: 22 ago. 2024.

GALLUP. *State of the Global Workplace: 2024 Report*. Washington, 2024.

GOLEMAN, Daniel. *Inteligência emocional: a teoria revolucionária que redefine o que é ser inteligente*. São Paulo: Objetiva, 1996.

GONÇALVES, Ana Graciele. Influenciadores digitais já ultrapassam em número carreiras tradicionais. *Revista Brasileira de Administração*, 17 mar. 2023. Disponível em: https://revistarba.org.br/digital-influencer-se-consolida-como-profissao. Acesso em: 22 ago. 2024.

GUERRA, Arthur; GUANAES, Nizan. *Você aguenta ser feliz?: como cuidar da saúde mental e física para ter qualidade de vida*. Rio de Janeiro: Sextante, 2022.

HAN, Byung-Chul. *Sociedade do cansaço*. Petrópolis: Vozes, 2015.

HARARI, Yuval Noah. Universal Basic Income Is Neither Universal Nor Basic. *Bloomberg*, 4 jun. 2017. Disponível em: https://www.bloomberg.com/view/articles/2017-06-04/universal-basic-income-is-neither-universal-nor-basic. Acesso em: 22 ago. 2024.

HARARI, Yuval Noah. *21 lições para o século 21*. São Paulo: Companhia das Letras, 2018.

HASSABIS, Demis. How AI is Unlocking the Secrets of Nature and the Universe. *TED*, abr. 2024. Disponível em: https://www.ted.com/talks/demis_hassabis_how_ai_is_unlocking_the_secrets_of_nature_and_the_universe?subtitle=en. Acesso em: 22 ago. 2024.

HOW AI and the Metaverse will Shape Society with Ian Beacraft | SXSW 2023. 2023. Vídeo (58min). Publicado pelo canal *SXSW*. Disponível em: https://www.youtube.com/watch?v=sTCuoqOb2xE. Acesso em: 22 ago. 2024.

HUBERT, Kent F. et al. The Current State of Artificial Intelligence Generative Language Models is More Creative Than Humans on Divergent Thinking Tasks. *Scientific Reports*, v. 14, n. 3440, 2024. Disponível em: https://www.nature.com/articles/s41598-024-53303-w. Acesso em: 22 ago. 2024.

J.K. ROWLING Speaks at Harvard Commencement. 2011. Vídeo (20min58seg). Publicado por *Harvard Magazine*. Disponível em: https://www.youtube.com/watch?v=wHGqp8lz36c. Acesso em: 22 ago. 2024.

KEMP, Simon. The Time We Spend on Social Media. *Data Reportal*, 31 jan. 2024. Disponível em: https://datareportal.com/reports/digital-2024-deep-dive-the-time-we-spend-on-social-media. Acesso em: 22 ago. 2024.

KURZWEIL, Ray. *A singularidade está próxima: quando os humanos transcendem a biologia*. São Paulo: Iluminuras, 2018.

LARA, Lorena. Brasil tem 1,6 milhão de pessoas trabalhando como entregadores ou motoristas de aplicativos. *G1*, 13 abr. 2023. Disponível em: https://g1.globo.com/trabalho-e-carreira/noticia/2023/04/13/brasil-tem-16-milhao-de-pessoas-trabalhando-como-entregadores-ou-motoristas-de-aplicativos.ghtml. Acesso em: 22 ago. 2024.

LEADING countries based on Facebook audience size as of April 2024. *Statista*, abr. 2024. Disponível em: https://www.statista.com/statistics/268136/top-15-countries-based-on-number-of-facebook-users/. Acesso em: 22 ago. 2024.

LEADING countries based on YouTube audience size as of July 2024. *Statista*, jul. 2024. Disponível em: https://www.statista.com/statistics/280685/number-of-monthly-unique-youtube-users. Acesso em: 22 ago. 2024.

LEI da UE sobre IA: primeira regulamentação de inteligência artificial. *Parlamento Europeu*, 18 jun. 2024. Disponível em: https://www.europarl.europa.eu/pdfs/news/expert/2023/6/story/20230601STO93804/20230601STO93804_pt.pdf. Acesso em: 22 ago. 2024.

LU, Yiwen. Driverless Taxis Can Expand San Francisco Services, Regulators Say. *The New York Times*, 10 ago. 2023. Disponível em: https://www.nytimes.com/2023/08/10/technology/driverless-cars-san-francisco.html. Acesso em: 22 ago. 2024.

MANCINI, Jeannine. Elon Musk Predicts A "Universal High Income" As Jobs Are Phased Out And Employment Becomes Obsolete — It'll Be 'Somewhat Of An Equalizer'. *Yahoo! Finance*, 18 mar. 2024. Disponível em: https://finance.yahoo.com/news/elon-musk-predicts-universal-high-160015532.html. Acesso em: 22 ago. 2024.

MARINS, Lucas Gabriel. Worldcoin: cripto do criador do ChatGPT é distribuída em 4 endereços em SP em troca de cadastro da íris. *InfoMoney*, 28 jul. 2023. Disponível em: https://www.infomoney.com.br/onde-investir/worldcoin-cripto-do-criador-do-chatgpt-e-distribuida-em-4-enderecos-em-sp-em-troca-de-cadastro-da-iris/. Acesso em: 22 ago. 2024.

MARMÉ, Paulo. Português criou empresa que tem como CEO... o Chat GPT. Num mês, obteve mais de 100 mil euros de financiamento. *Forbes*, 29 abr. 2023. Disponível em: https://www.forbespt.com/portugues-criou-empresa-que-tem-como-ceo-o-chat-gpt-num-mes-obteve-mais-de-100-mil-euros-de-financiamento/?doing_wp_cron=1710787878.5476438999176025390625. Acesso em: 22 ago. 2024.

MCCARTHY, John et al. A Proposal for the Dartmouth Summer Research Project on Artificial Intelligence. *Internet Archive Wayback Machine*, 2024 (31 ago. 1955). Disponível em: https://web.archive.org/web/20070826230310/http://www-formal.stanford.edu/jmc/history/dartmouth/dartmouth.html. Acesso em: 24 ago. 2024.

MEDINA abre o jogo sobre problemas familiares, choro na água e depressão: “As coisas param de fazer sentido”. *ESPN*, 24 abr. 2022. Disponível em: https://www.espn.com.br/surfe/artigo/_/id/10267239/gabriel-medina-abre-jogo-sobre-problemas-familiares-choro-agua-depressao-coisas-param-fazer-sentido. Acesso em: 22 ago. 2024.

MEDITATION and Mindfulness: What You Need To Know. *NCCIH*, jun. 2022. Disponível em: https://www.nccih.nih.gov/health/meditation-and-mindfulness-what-you-need-to-know. Acesso em: 22 ago. 2024.

MELLO, Patrícia Campos. Documentário da Netflix “O Dilema das Redes” assusta, mas oferece poucas respostas a dilema. *Folha de S.Paulo*, 21 set. 2020. Disponível em: https://www1.folha.uol.com.br/mundo/2020/09/documentario-da-netflix-dilema-das-redes-assusta-mas-oferece-poucas-respostas-a-dilema.shtml. Acesso em: 22 ago. 2024.

MINERVA University Once Again Named Most Innovative University in the World. *Minerva University*, 17 mai. 2023. Disponível em: https://www.minerva.edu/announcements/minerva-university-once-again-named-most-innovative-university-in-the-world/. Acesso em: 22 ago. 2024.

MONTEIRO, Renan. Gastos com Previdência vão a quase R$ 1 trilhão, e analistas defendem revisão de regras. *O Globo*, 19 fev. 2024. Disponível em: https://oglobo.globo.com/economia/noticia/2024/02/19/gastos-com-previdencia-vao-a-quase-r-1-trilhao-e-analistas-defendem-revisao-de-regras.ghtml. Acesso em: 22 ago. 2024.

NASCIMENTO, Houldine. Entenda como será gasto o Orçamento de R$ 5,5 trilhões em 2024. *Poder360*, 28 out. 2023. Disponível em: https://www.poder360.com.br/congresso/entenda-como-sera-gasto-o-orcamento-de-r-55-trilhoes-em-2024/. Acesso em: 22 ago. 2024.

NIZAN Guanaes: “Nas redes sociais, parece que ninguém tem problema”. *Veja*, 4 jun. 2024. Disponível em: https://veja.abril.com.br/paginas-amarelas/nizan-guanaes-nas-redes-sociais-parece-que-ninguem-tem-problema. Acesso em: 22 ago. 2024.

NOAM Chomsky on ChatGPT: It's "Basically High-Tech Plagiarism" and "a Way of Avoiding Learning". *Open Culture*, 10 fev. 2023. Disponível em: https://www.openculture.com/2023/02/noam-chomsky-on-chatgpt.html. Acesso em: 22 ago. 2024.

NUMBER of users of selected social media platforms in Brazil from 2018 to 2028, by platform. *Statista*, 2024. Disponível em: https://www.statista.com/statistics/1346220/social-media-users-brazil-by-platform/. Acesso em: 22 ago. 2024.

O QUE é um profissional T-Shaped?. *Mirago Blog*, 24 jul. 2024. Disponível em: https://www.mirago.com.br/aula/profissional-t-shaped/. Acesso em: 22 ago. 2024.

OASIS: IA cria novo álbum com som da banda; "melhor que tudo que está por aí", diz Liam Gallagher. *Terra*, 20 abr. 2023. Disponível em: https://www.terra.com.br/diversao/musica/oasis-ia-cria-novo-album-com-som-da-banda-melhor-que-tudo-que-esta-por-ai-diz-liam-gallagher,71d750275f98971389a3643d722155bf7pr0moms.html. Acesso em: 22 ago. 2024.

OPENAI and Elon Musk. *OpenAI*, 5 mar. 2024. Disponível em: https://openai.com/blog/openai-elon-musk. Acesso em: 22 ago. 2024.

PANDEMIA de COVID-19 desencadeia aumento de 25% na prevalência de ansiedade e depressão em todo o mundo. *OPAS*, 2 mar. 2022. Disponível em: https://www.paho.org/pt/noticias/2-3-2022-pandemia-covid-19-desencadeia-aumento-25-na-prevalencia-ansiedade-e-depressao-em. Acesso em: 23 ago. 2024.

PARKER, Ceri. Mark Zuckerberg — "We should explore universal basic incomes". *World Economic Forum*, 29 mai. 2017. Disponível em: https://www.weforum.org/agenda/2017/05/mark-zuckerberg-we-should-explore-universal-basic-incomes/. Acesso em: 22 ago. 2024.

PHILLIPS, Adam. *On Giving Up*. Nova York: Farrar, Straus and Giroux, 2024.

PRESSE, France. Artista alemão causa polêmica ao ganhar concurso com foto criada com inteligência artificial. *G1*, 18 abr. 2023. Disponível em: https://g1.globo.com/tecnologia/noticia/2023/04/18/artista-alemao-causa-polemica-ao-ganhar-concurso-com-foto-criada-com-inteligencia-artificial.ghtml. Acesso em: 22 ago. 2024.

ROBINSON, Sir Ken. Do Schools Kill Creativity?. *TED*, fev. 2006. Disponível em: https://www.ted.com/talks/sir_ken_robinson_do_schools_kill_creativity?language=pt&delay=3m&subtitle=en. Acesso em: 22 ago. 2024.

ROCHA, Lucas. Mais de 70% dos brasileiros sofrem com alterações no sono, apontam estudos. *CNN*, 18 mar. 2023. Disponível em: https://www.cnnbrasil.com.br/saude/mais-de-70-dos-brasileiros-sofrem-com-alteracoes-no-sono-apontam-estudos/. Acesso em: 22 ago. 2024.

SAMUEL, Sigal. Everywhere Basic Income Has Been Tried, in One Map. *Vox*, 20 out. 2020. Disponível em: https://www.vox.com/future-perfect/2020/2/19/21112570/universal-basic-income-ubi-map. Acesso em: 22 ago. 2024.

SCHWANTES, Marcel. Steve Jobs Said Living a Happy, Successful Life Comes Down to This Rare Mindset. *Inc.*, 30 out. 2023. Disponível em: https://www.inc.com/marcel-schwantes/steve-jobs-said-living-a-happy-successful-life-comes-down-to-this-rare-mindset.html. Acesso em: 22 ago. 2023.

SCUTTI, Susan. Michael Phelps: "I am extremely thankful that I did not take my life". *CNN*, 20 jan. 2018. Disponível em: https://edition.cnn.com/2018/01/19/health/michael-phelps-depression/index.html. Acesso em: 22 ago. 2024.

SIMON Sinek — Trust vs Performance (Must Watch!). 2022. Vídeo (2min27seg). Publicado pelo canal *Gabe Villamizar*. Disponível em: https://www.youtube.com/watch?v=PTo9e3ILmms. Acesso em: 22 ago. 2024.

SIMONE Biles: por que desistir às vezes pode fazer bem à saúde, segundo especialistas. *BBC*, 27 jul. 2021. Disponível em: https://www.bbc.com/portuguese/internacional-57993220. Acesso em: 22 ago. 2024.

SÍNDROME de Burnout já é classificada como doença ocupacional. *Jornal da PUC-SP*, 4 mar. 2022. Disponível em: https://j.pucsp.br/noticia/sindrome-de-burnout-ja-e-classificada-como-doenca-ocupacional. Acesso em: 22 ago. 2024.

SPECIAL report — Digital 2024. *We Are Social*, 2024. Disponível em: https://wearesocial.com/uk/blog/2024/01/digital-2024/. Acesso em: 22 ago. 2024.

STEVE Jobs' 2005 Stanford Commencement Address. 2008. Vídeo (15min04seg). Publicado pelo canal *Stanford*. Disponível em: https://www.youtube.com/watch?v=UF8uR6Z6KLc. Acesso em: 22 ago. 2024.

SULEYMAN, Mustafa. A próxima onda: Inteligência artificial, poder e o maior dilema do século XXI. Rio de Janeiro: Record, 2023.

SUMMARY of the 2023 WGA MBA. *Writers Guild of America West*, 2024. Disponível em: https://www.wga.org/contracts/contracts/mba/summary-of-the-2023-wga-mba. Acesso em: 22 ago. 2024.

SUSSKIND, Daniel. *Um mundo sem trabalho*. Porto: Porto Editora, 2020.

TECNOLOGIA adivinha orientação sexual por meio de reconhecimento facial. *Forbes*, 29 set. 2017. Disponível em: https://forbes.com.br/colunas/2017/09/tecnologia-adivinha-orientacao-sexual-por-meio-de-reconhecimento-facial/. Acesso em: 22 ago. 2024.

TEGMARK, Max. *Vida 3.0: o ser humano na era da inteligência artificial*. São Paulo: Benvirá, 2020.

THE Future of Jobs Employment — Skills and Workforce Strategy for the Fourth Industrial Revolution. *World Economic Forum*, jan. 2016. Disponível em: https://www3.weforum.org/docs/WEF_FOJ_Executive_Summary_Jobs.pdf. Acesso em: 22 ago. 2024.

THE Future of Jobs Report 2018. *World Economic Forum*, 17 set. 2018. Disponível em: https://www.weforum.org/publications/the-future-of-jobs-report-2018/. Acesso em: 22 ago. 2024.

THE Future of Jobs Report 2023. *World Economic Forum*, 30 abr. 2023. Disponível em: https://www.weforum.org/publications/the-future-of-jobs-report-2023/. Acesso em: 22 ago. 2023.

THE robot that takes your job should pay taxes, says Bill Gates. *Quartz*, 17 fev. 2017. Disponível em: https://qz.com/911968/bill-gates-the-robot-that-takes-your-job-should-pay-taxes. Acesso em: 22 ago. 2024.

THE Singularity Is Nearer featuring Ray Kurzweil | SXSW 2024. 2024. Vídeo (59min21seg). Publicado pelo canal *SXSW*. Disponível em: https://www.youtube.com/watch?v=xh2v5oC5Lx4. Acesso em: 22 ago. 2024.

TURING, Alan Mathison. Computing Machinery and Intelligence. *Internet Archive Wayback Machine*, 2024 (1950). Disponível em: https://web.archive.org/web/20080702224846/http://loebner.net/Prizef/TuringArticle.html. Acesso em: 22 ago. 2024.

UNDERSTANDING the 5 Components of Emotional Intelligence for Success. *BooKey*, 13 fev. 2024. Disponível em: https://www.bookey.app/topic/understanding-the-5-components-of-emotional-intelligence-for-success. Acesso em: 22 ago. 2024.

V.O. Complete. The Educational Keys in the Era of Artificial Intelligence. Kai-Fu Lee, Expert in AI. 2023. Vídeo (57min17seg). Publicado pelo canal *Aprendemos Juntos 2030*. Disponível em: https://www.youtube.com/watch?v=-KQ581tn-pM. Acesso em: 22 ago. 2024.

VASCONCELLOS, Lucas. Como Anitta: veja os sinais de que seu colega tem burnout e saiba ajudar. *Universa UOL*, 10 set. 2019. Disponível em: https://www.uol.com.br/universa/noticias/redacao/2019/09/10/como-anitta-veja-os-sinais-de-que-seu-colega-tem-burnout-e-saiba-ajudar.htm. Acesso em: 22 ago. 2024.

VÍDEO: paciente que recebeu 1º implante da Neuralink mostra como chip cerebral funciona. *G1*, 20 mar. 2024. Disponível em: https://g1.globo.com/inovacao/noticia/2024/03/20/neuralink-revela-paciente-que-recebeu-1o-implante-de-chip-cerebral.ghtml. Acesso em: 22 ago. 2024.

WALDINGER, Robert. What makes a Good Life? Lessons From the Longest Study on Happiness. *TED*, nov. 2015. Disponível em: https://www.ted.com/talks/robert_waldinger_what_makes_a_good_life_lessons_from_the_longest_study_on_happiness?language=pt-br. Acesso em: 23 ago. 2024.

WANG, Dayong et al. Deep Learning for Identifying Metastatic Breast Cancer. *Cornell University*, 18 jun. 2016. Disponível em: https://arxiv.org/abs/1606.05718. Acesso em: 22 ago. 2024.

WARE, Bronnie. *Antes de partir: uma vida transformada pelo convívio com pessoas diante da morte*. São Paulo: Geração Editorial, 2012.

WESTRA, Henny. The Effectiveness of Psychotherapy: What the Research Tells Us. *Find a Psychologist*, 2024. Disponível em: https://www.findapsychologist.org/the-effectiveness-of-psychotherapy-what-the-research-tells-us/. Acesso em: 22 ago. 2024.

WHY & How Green is the New Digital. Futurist Gerd Leonhard GerdTalks#6 #Sustainability #Greenfuture. 2022. Vídeo (36min31seg). Publicado pelo canal *Gerd Leonhard*. Disponível em: https://www.youtube.com/watch?v=WH-EiN0Xazw. Acesso em: 22 ago. 2024.

WINSTON, Andrew. The Big Pivot. *TED*, set. 2014. Disponível em: https://www.ted.com/talks/andrew_winston_the_big_pivot?subtitle=en&geo=pt-br. Acesso em: 22 ago. 2024.

YOUR brand is what people say about you when you're not in the room. *Amplifica Digital*, 6 fev. 2024. Disponível em: https://amplificadigital.com.br/en/blog/your-brand-and-what-people-say-about-you-when-you%27re-not-in-the-room/. Acesso em: 22 ago. 2024.

Reimpressão, junho 2025

Fontes Euclid Flex e Ingeborg
Papel Lux Cream 70 g/m²
Impressão Imprensa da Fé